GMP-Kompaktwissen

Dr. Christine Oechslein

GMP-Kompaktwissen

Schritt für Schritt zum Überblick
für Einsteiger, Umsteiger und Durchstarter

Maas & Peither
GMP VERLAG

Bibliografische Information der Deutschen Nationalbibliothek
Die Deutsche Nationalbibliothek verzeichnet diese Publikation in der Deutschen
Nationalbibliografie; detaillierte bibliografische Daten sind im Internet über
<http://dnb.ddb.de> abrufbar.

ISBN: 978-3-943267-41-9

Wichtiger Hinweis:
Die Daten und Informationen in diesem Nachschlagewerk wurden mit größter
Sorgfalt erarbeitet und zusammengestellt. Verlag, Autoren und Übersetzer können jedoch für eventuell verbliebene fehlerhafte Angaben und deren Folgen
weder eine juristische Verantwortung noch irgendeine Haftung übernehmen.

1. Auflage 2014

© Maas & Peither AG – GMP-Verlag
Karlstraße 2
79650 Schopfheim
Germany
Telefon: +49 7622 666 86-70
Telefax: +49 7622 666 86-77
service@gmp-verlag.de
www.gmp-verlag.de

Redaktion: Susanne Sailer
Umschlaggestaltung: Diana Echtle
Fotos: Roy Doberitz, Freiburg
Satz: Computrain Marcus Bollenbach, Bad Krozingen
Druck: Uehlin Druck und Medienhaus, Schopfheim

Vorwort der Herausgeber

Liebe Leserinnen und Leser,

müssen Sie sich neu in das weite Gebiet der GMP einarbeiten? Oder fehlen Ihnen – obwohl Sie sich schon einige Zeit mit dem Thema beschäftigen – doch hin und wieder die Zusammenhänge?

Dann freuen Sie sich mit uns, dass Dr. Christine Oechslein, eine Autorin des GMP-Verlags der ersten Stunde, zum 15-jährigen Bestehen des GMP-Verlags, ein Buch vorlegt, das die wichtigsten Themen kompakt und verständlich beschreibt. Mit dem Buch „GMP-Kompaktwissen" gibt es nun die perfekte Möglichkeit sich ohne Vorwissen einen Überblick über die Gute Herstellungspraxis (GMP, Good Manufacturing Practice) zu verschaffen oder GMP-Zusammenhänge zu erkennen und Neues zu entdecken. Die Autorin versteht es wie keine Andere, GMP-Wissen auf derart knappem Raum von Abweichungswesen bis Zytostatika so anschaulich darzustellen. Aus der industriellen Beratungstätigkeit wissen wir, dass dieses Buch vielen helfen wird, die GMP-Anforderungen besser zu verstehen.

Den Ausführungen dieses Buches liegen die europäischen GMP-Anforderungen zugrunde. Die feinen Unterschiede der internationalen GMP-Regularien darzulegen, schien uns für das Grundlagenbuch weder erforderlich noch hilfreich. Auch mag es der Fachexperte verzeihen, dass zugunsten der Verständlichkeit an manchen Stellen vereinfacht wurde. Wer GMP-Themen vertiefen möchte, dem sei die Wissenssammlung GMP-BERATER empfohlen. Er bietet einen unerschöpflichen Fundus an GMP-Fachinformation auf über 11.000 Seiten.

Dem vorliegenden Buch wünschen wir als Verleger und Herausgeber eine weite Verbreitung, denn je mehr Menschen die Zusammenhänge der Guten Herstellungspraxis verstehen, umso besser wird die Umsetzung von GMP in den Betrieben gelingen. Dieses Wissen ist auf allen Ebenen eines Arzneimittelherstellers, vom Vorstand bis zur Aushilfskraft, unabdingbar. Wenn jeder die dargelegten Prinzipien beherzigt, werden die Inspektoren und Auditoren deutlich weniger zu bemängeln haben.

Der Autorin Dr. Christine Oechslein gilt daher unser besonderer Dank dafür, dass sie die Herausforderung angenommen hat, GMP leicht verständlich und dennoch mit Niveau auf den Punkt zu bringen.

Ein weiterer Dank gebührt dem Verlagsteam der Maas & Peither AG, denn die Bilder und Illustrationen in diesem Buch entstammen den kreativen Einfällen des engagierten Redaktions- und Produktionsteams.

Schopfheim, Juni 2014

Anita Maas, Barbara Peither, Thomas Peither

Inhaltsverzeichnis

© Maas & Peither AG – GMP-Verlag

1   Ziel und Zweck von GMP

1.A   Einleitung

Es kann jeden treffen. Ob im Beruf, Haushalt oder Straßenverkehr: In Bruchteilen von Sekunden kann selbst ein gesundheitsbewusster und sportlicher Mensch zum Patienten werden!

„Glück im Unglück" hat, wem das bei uns in Mitteleuropa passiert, denn mit hoher Wahrscheinlichkeit wacht sie oder er in einer gut organisierten und sauberen Notaufnahme wieder auf. Am Infusionsständer hängt die lebensrettende Infusionslösung, mit deren Hilfe Schock, Kreislaufkollaps und Organversagen bekämpft und die Schmerzen gelindert werden. Das ganze Leben hängt plötzlich an diesem Infusionsschlauch!

 Arzneimittel können Leben retten, wenn sie hohe Qualität haben.

Was wäre aber, wenn der Inhalt des Infusionsbeutels nicht in Ordnung wäre? Wenn Verunreinigungen, Bakterien oder ein ganz falscher Wirkstoff direkt in die Armvene tröpfeln würden? Können wir Verbraucher uns wirklich darauf verlassen, dass Arzneimittel einwandfrei sind?

Arzneimittel unterscheiden sich nämlich ganz wesentlich von anderen Produkten, wie beispielsweise Lebensmitteln:

- Bei Arzneimitteln haben Verbraucher kaum Möglichkeiten, sich selbst von deren Qualität zu überzeugen; während man Obst oder Gemüse anhand von

Aussehen, Geruch oder Geschmack aussuchen kann, ist das bei Medikamenten nicht möglich.

🔥 Obst, Gemüse und andere Lebensmittel kann man zumeist auch in größeren Mengen bedenkenlos zu sich nehmen. Dagegen haben Arzneimittel schon in kleinsten Mengen eine große Wirkung – oft sogar auf den ganzen Körper. Beispiele dafür sind Antibiotika, Hormone, Krebsmedikamente oder Herz-Kreislaufmedikamente.

Das bedeutet, dass Arzneimittel für Patienten ein besonderes Risiko darstellen können, falls sie nicht sachgerecht hergestellt und gelagert wurden. Letzteres ist gar nicht so selbstverständlich – und leider auch noch kein weltweit praktizierter Standard!

Glücklicherweise gibt es im EU-Raum und in vielen anderen Industrieländern Gesetze, die die Herstellung und den Vertrieb von Arzneimitteln regeln, um die Verbraucher vor minderwertigen, unwirksamen oder gefährlichen Medikamenten zu schützen. Die Gesetze, Regelwerke und Standards, die den kompletten Herstellungsweg der Arzneimittel vom Rohstoff bis zum Versand beschreiben, werden zusammenfassend als „Good Manufacturing Practices" oder auch GMP-Regeln bezeichnet.

1.B   Was ist GMP?

GMP steht für Good Manufacturing Practice, zu deutsch Gute Herstellungspraxis. Darunter versteht man Regeln für die Herstellung, Verpackung und Prüfung von Arzneimitteln, die strikt eingehalten werden müssen, damit nur qualitativ hochwertige Medikamente auf den Markt kommen.

1.C   Warum brauchen wir GMP?

Wer in ein Flugzeug einsteigt, muss sich darauf verlassen können, dass es sorgfältig gewartet wurde, mit dem richtigen Treibstoff in ausreichender Menge betankt ist, die Wetterverhältnisse auf der Flugroute überprüft wurden und Pilot und Fluglotsen gut ausgebildet und konzentriert bei der Arbeit sind. Es darf schließlich kein Zufall sein, ob Passagiere und Crew unversehrt und pünktlich am Zielort landen. Alles muss sehr sorgfältig geplant und mehrfach kontrolliert sein. Als Fluggast hat man ja selbst keine Möglichkeit, diese Dinge zu überprüfen oder korrigierend einzugreifen.

 Ziel der GMP-Regeln ist es, dass Patienten nur Arzneimittel in hoher Qualität erhalten. Jeder, der an der Entstehung von Arzneimitteln beteiligt ist, muss sein Bestes dafür tun.

Ganz ähnlich ist es mit Arzneimitteln: Es darf kein Zufall sein, ob ein Patient die richtigen Tabletten erhält, ob diese Verunreinigungen enthalten oder verdorben sind, oder ganz unterschiedliche Dosierungen bunt gemischt in einer Packung enthalten sind. Deswegen sind auch hier sorgfältige Planung, korrekte Durchführung und systematische Überwachung notwendig.

1.D   Was war, bevor es GMP-Regeln gab?

Immer, wenn es um unsere Sicherheit geht, beispielsweise nach Flug-, Eisenbahn-, Schiffsunglücken, Tunnelbränden oder anderen Katastrophen, verlangt der Bürger nach schärferen Auflagen, Normen und Kontrollen, damit ähnliche Ereignisse in Zukunft vermieden werden. Genauso haben sich auch die GMP-Regeln entwickelt:

Jahrhundertelang haben Heilkundige und Apotheker nach bestem Wissen und Gewissen Heilmittel hergestellt. Analytische Prüfungen der fertigen Arznei sind sogar schon seit dem Mittelalter üblich, wie uralte **Arzneibücher (Pharmakopöen**, siehe *Kapitel 3.E.5*) belegen.

Wie sorgfältig jeder Einzelne gearbeitet und geprüft hat, war ihm jedoch selbst überlassen. Auch war niemand verpflichtet, sich zu überlegen, welche Folgen eventuelle Fehler seiner Arbeit haben könnten (**Qualitätsrisikoanalyse**, siehe *Kapitel 4.C.3*).

Solange Arznei nur individuell oder für einen kleinen Kundenkreis hergestellt wurde, war das Risiko im Falle eines Fehlers auf wenige Personen beschränkt. Das änderte sich mit der **industriellen Herstellung** von Medikamenten, denn nun war die Zahl der Betroffenen erheblich größer.

Damit waren Zwischenfälle vorprogrammiert: Die Geschichte von GMP ist leider eine Geschichte von Katastrophen...

1.E   Was kann alles schiefgehen?

Die Erfahrungen aus mehr als hundert Jahren industrieller Medikamentenherstellung zeigen, dass bei der Herstellung, Prüfung und dem Vertrieb von Arzneimitteln eine Menge passieren kann:

- Verunreinigungen durch mangelhafte Reinigung von Maschinen, Behältern oder Räumen, durch nicht korrekt geschlossene Behältnisse oder gar Lüftungsanlagen, die Staub verteilen, statt ihn abzusaugen

- Vermischung zweier Wirkstoffe oder Produkte, weil bei Produktwechsel Räume oder Maschinen nicht komplett vom Vorprodukt befreit wurden oder Kontrollen nicht aufmerksam durchgeführt wurden

- falscher Wirkstoff oder falsche Dosierung, weil Bezeichnungen an Behältern oder Maschinen nicht eindeutig oder schlecht lesbar, Etiketten vertauscht oder abgefallen waren und es so zur Verwechslung kam

- zu geringer Wirkstoffgehalt, weil Haltbarkeitsdaten falsch aufgedruckt oder falsch ins Computersystem eingegeben wurden

- nicht ausreichend sterilisierte Infusionen, weil die Sterilisatoren schlecht gewartet wurden

- zersetzter und daher unwirksamer Wirkstoff, weil unter falschen Bedingungen gelagert wurde

- Bakterien in Injektionsampullen, weil sie in ungeeigneten Transportboxen versandt wurden und daher einzelne Haarrisse entstanden sind

- minderwertige und daher zur Vernichtung bestimmte Arzneimittelabfälle werden von Fälschern auf den Markt gebracht, weil sie nicht sicher entsorgt wurden

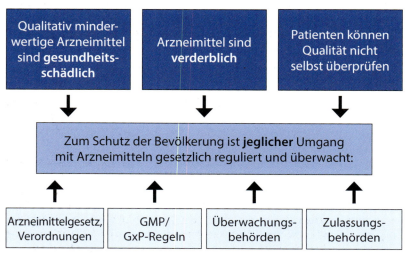

Abbildung 1.E.-1 *Arzneimittel sind besondere Produkte*

Die Gesetzgeber der betroffenen Länder haben jeweils auf diese Ereignisse reagiert. Die **GMP-Regeln** sind somit Antworten auf eine Vielzahl von Zwischen-fällen.

Die GMP-Regeln schützen den Verbraucher vor zweifelhaften, minderwertigen oder gefährlichen Arzneimitteln.

1.F   Wer muss die GMP-Vorschriften einhalten?

Zuallererst natürlich die Hersteller von Arzneimitteln, denn GMP bedeutet „Gute *Herstellung*spraxis". Die Anforderungen schließen aber auch das **Verpacken**, **Umpacken** und **Prüfen** von Arzneimitteln mit ein.

Darüber hinaus ist das Netz an Gesetzen und international anerkannten Vor-gaben sehr engmaschig geworden, sodass es längst nicht mehr die Arznei-mittelherstellung allein betrifft. Die Pharmahersteller sind ja abhängig von **Lie-feranten** und **Dienstleistern**: Genauso wenig, wie ein Koch aus verdorbenen Lebensmitteln bekömmliche und wohlschmeckende Speisen zubereiten kann, kann ein Pharmaunternehmen aus minderwertigen Rohstoffen einwandfreie Tabletten oder Infusionen herstellen. Daher ist es sinnvoll, dass die GMP-Anfor-derungen schon beim **Einkauf** bei zuverlässigen Lieferanten beginnen, und sich über Lagerhaltung, Verpackung, Kontrollen, Transport und Vertrieb bis hin zur Marktrücknahme und fachgerechten Entsorgung erstrecken. Gerade Bezugs-quellen, **Lagerhaltung** und **Versand** sind in den letzten Jahren zu großen Qua-litätsrisiken geworden, weil Waren auf verschlungenen Wegen kreuz und quer über den ganzen Globus verschickt werden. Darauf hat der Gesetzgeber reagiert, und dieses Teilgebiet der GMPs schärfer reguliert: Die sehr detaillierten Leitlinien zur **Guten Vertriebspraxis (Good Distribution Practice, GDP**, siehe *Kapitel 10.A*) nehmen jetzt auch Händler, Lageristen, Logistikunternehmen und sogar Speditionen in die Pflicht, wenn sie mit Arzneimittel-Bestandteilen, Zwischenprodukten oder Fertigarznei umgehen.

Damit auch die Herstellung sämtlicher Bestandteile klappt, gibt es eigene GMP-Vorgaben:

- Für die **Wirkstoffherstellung** (siehe *Kapitel 2.C*) gibt es spezielle, gesetzlich verbindliche GMP-Regeln. Sie stehen im **Teil II des EU-GMP-Leitfadens** und werden für bestimmte Wirkstoffe (z. B. aus Bakterien oder gentechnisch her-gestellte Wirkstoffe) sogar behördlich überwacht.
- Für **Hilfsstoffe** (siehe *Kapitel 2.D*) verlangt der Gesetzgeber zwar GMP, hat aber keine speziellen Richtlinien verfasst. Daher haben Vertreter der Hilfs-stoffindustrie *International Pharmaceutical Excipients Council* (IPEC) sich selbst *Spielregeln* geschrieben, die **IPEC GMP**s und **IPEC GDP**s. Diese **Industriestandards** sind natürlich nicht gesetzlich bindend, aber sind eine gute Richtschnur für Hilfsstoffhersteller und deren Kunden. Der jeweilige weiterverarbeitende Kunde ist verpflichtet, den Hersteller zu überprüfen.

⤷ Da es auch für **Packmittel** (siehe *Kapitel 8.E*) keine gesetzlich verbindlichen GMPs gibt, wurden die Anforderungen in Form einer **Norm (ISO 15378)** festgelegt. Kunden bleiben dennoch verpflichtet, sich davon zu überzeugen, ob ein Lieferant diese Norm auch tatsächlich einhält.

⤷ Zulieferfirmen (siehe *Kapitel 4.C.2*) für pharmazeutische Anlagen und Ausrüstung sind nicht direkt Zielgruppe der gesetzlichen GMP-Regelungen. Dennoch müssen Pharmafirmen eine sichere und stabile Funktion ihrer Anlagen nachweisen können (**Qualifizierung**, siehe *Kapitel 7.D*). Daher haben Fachgruppen **Industriestandards** entwickelt, wie beispielsweise die **GAMP**-Richtlinien (**Good Automated Manufacturing Procedures**) für automatisierte Produktionsmaschinen und Anlagensteuerungen.

Jeder, der an der Entstehung von Arzneimitteln beteiligt ist, muss die Voraussetzungen schaffen, damit nur einwandfreie Medikamente den Patienten erreichen.

1.G   Was versteht man unter GxP?

Die engmaschige Überwachung beginnt bereits in der Arzneimittel-Entwicklung und endet erst, wenn ein Handelsprodukt eines Tages wieder vom Markt genommen wird. GMP begleitet ein Arzneimittel sozusagen „lebenslang", weshalb man auch vom **Lebenszyklus–Modell** oder **Life-Cycle-Konzept** (siehe *Kapitel 4.A.1*) spricht.

Ganz am Anfang der Arzneimittelentwicklung müssen ergänzend zu den GMP-Vorschriften noch weitere Richtlinien beachtet werden: Es gibt Richtlinien für **Good Laboratory Practice (GLP)**, welche genau vorschreiben, wie beispielsweise toxikologische Untersuchungen geplant, durchgeführt und ausgewertet werden müssen, damit man sich später auf die Sicherheitsdaten einer Chemikalie oder eines Wirkstoffes verlassen kann.

Auch für die Planung und Durchführung klinischer Studien gibt es Vorschriften: die Richtlinien für **Good Clinical Practice (GCP)**. Natürlich müssen auch diese wichtigen Untersuchungen an freiwilligen Probanden oder freiwilligen Patienten sehr sorgfältig und systematisch geplant, ausgeführt und ausgewertet werden, damit man am Ende tatsächlich erkennen kann, ob ein neues Arzneimittel wirksamer oder besser verträglich ist als ein Vergleichspräparat.

Da Arzneimittel und deren Bestandteile heutzutage weltweit gefertigt und rund um den Globus verschickt werden, haben Versand und Zwischenlagerung dieser Produkte eine besondere Bedeutung gewonnen. Deswegen gibt es Richtlinien für **Good Distribution Practice (GDP)**, die speziell Lagerung und Transport von Pharmaprodukten regeln, damit die Waren nicht auf ihrem verschlungenen Weg verderben, beschädigt oder durch Fälschungen ausgetauscht werden.

Ob GLP, GCP, GMP oder GDP – die Spielregeln sind teilweise so ähnlich, dass sie manchmal zusammenfassend als **GxP** bezeichnet werden. Beispielsweise verlangt jedes dieser Regelwerke, dass Mitarbeiter speziell für ihre Aufgaben geschult sein müssen, dass es präzise, genehmigte Arbeitsanweisungen gibt und alle Arbeiten nachvollziehbar und wahrheitsgetreu protokolliert werden.

Einen Sonderfall stellt die **Good Engineering Practice (GEP)** dar: Dieser Begriff meint die GMP-gerechte Umsetzung bei der Planung, Realisierung und Abnahme von pharmazeutischen Fertigungsstätten. In den gesetzlichen Anforderungen taucht dieser Begriff zwar nicht auf, jedoch hat er sich in der Branche etabliert und ist in vielen internationalen Leitlinien beschrieben (siehe *Kapitel 3.D*).

1.H   Was hat GMP mit Manieren gemeinsam?

GMP wird manchmal übersetzt als **Gute Manieren beim Produzieren**.

Tatsächlich haben die GMP-Regeln einiges mit *Manieren* zu tun: Das tägliche Zusammenleben funktioniert besser, wenn wir ganz selbstverständlich gute Umgangsformen zeigen, z.B. dem Gegenüber nicht ins Gesicht niesen oder ins Wort fallen.

Genauso muss GMP in Fleisch und Blut übergehen. Gewisse Verhaltensweisen müssen so selbstverständlich sein, dass man sie automatisch richtig macht, z.B. korrektes Umkleiden in der Schleuse, die Desinfektion der Hände oder das Führen von Protokollen.

Andere Dinge sind im GMP-Umfeld absolut tabu, wie das Vernichten von Daten oder Dokumenten, oder das Weglassen von Arbeitsschritten ohne Rücksprache bzw. Notiz im Protokoll.

2 Pharmagrundbegriffe

2.A Was ist ein Arzneimittel? Was sind Medizinprodukte, Kombinationsprodukte oder Heilmittel?

Ob ein Produkt als *Arzneimittel* gilt und deswegen den GMP-Anforderungen unterliegt, liegt nicht etwa in der freien Entscheidung eines Herstellers oder seiner Marketingabteilung. Im **Arzneimittelgesetz** (**AMG**, siehe *Kapitel 3.A*) ist genau geregelt, was ein Arzneimittel ist, wer Arzneimittel herstellen darf und welche Voraussetzungen dazu erfüllt werden müssen (für die Schweiz: **Heilmittelgesetz, HMG**).

In der EU gilt als **Arzneimittel**, was

- ❧ den *Zweck* hat, Krankheiten zu lindern oder zu heilen – selbst wenn es möglicherweise nicht wirksam sein sollte (**Präsentationsarzneimittel**) oder
- ❧ eine pharmakologische, immunologische oder metabolische Wirkung im menschlichen oder tierischen Organismus hat – auch wenn es möglicherweise nicht zu Heilzwecken angewendet wird (**Funktionsarzneimittel**), sondern beispielsweise zum Muskelaufbau bei Sportlern.

Nicht jede Erkrankung lässt sich auf Anhieb eindeutig erkennen. Oftmals sind Beschwerden eher unspezifisch: Kopf- oder Bauchschmerzen können beispielsweise viele verschiedene Ursachen haben. Aber ohne den Auslöser zu kennen, ist es schwierig, eine wirksame Therapie auszuwählen. In diesen Fällen kommen dann **Diagnostika** zum Einsatz, das sind Hilfsmittel, die die Diagnose erleichtern oder ermöglichen, wie z.B. Teststreifen oder spezielle Messinstrumente. Auch diese Diagnostika müssen selbstverständlich hohe Qualitätsstandards erfüllen, denn ein falsches Messergebnis würde ja eine falsche Therapie zur Folge haben und damit Gesundheitsschäden verursachen. Deswegen gibt es auch für die Herstellung von Diagnostika strenge Vorschriften: das **Medizinproduktegesetz (MPG) (in der Schweiz: Heilmittelgesetz HMG und Medizinprodukteverordnung MepV).** Dieses Gesetz betrifft außerdem Hilfsmittel wie Prothesen, Verbandsmaterial, medizinisch-technische Geräte und Rollstühle, aber auch Implantate, Herzschrittmacher, künstliche Tränenflüssigkeit oder Spüllösungen. Obwohl das Medizinproduktegesetz teilweise ähnliche Anforderungen stellt, wie sie seitens GMP für Arzneimittel formuliert sind, so gibt es doch wichtige Unterschiede. Deswegen ist es für eine Firma entscheidend, ob sie nun Medizinprodukte oder Arzneimittel herstellt: Bei bestimmten Produkten kann nur ein Jurist feststellen, ob sie nun nach GMP oder nach MPG herzustellen ist.

In den USA gibt es eigene, spezielle GMP-Regeln für Produkte, die eine Kombination aus Medizinprodukt und Arzneimittel darstellen (**Combination Products, 21 CFR4**).

Heilmittel hingegen umfassen andere medizinisch unterstützende Maßnahmen wie Badekuren, Massagen, Ergotherapie oder Krankengymnastik.

2.B Wie unterscheiden sich Arzneimittel von Lebensmitteln, Nahrungsergänzungsmitteln und Kosmetika?

Es gibt noch weitere Produktgruppen, die sich auf den ersten Blick schwer von Arzneimitteln unterscheiden lassen. Was als Nahrungsmittel, Nahrungsergänzungsmittel oder Arzneimittel gilt, ist außerdem national unterschiedlich geregelt. Daher gibt es einige Produkte, die in Deutschland als Arzneimittel gelten, in anderen Ländern aber als **Lebensmittel** betrachtet werden.

Die Unterscheidung ist jedoch wichtig, da Arzneimittel unter ein anderes Recht (AMG) fallen als Lebensmittel, Kosmetika oder Medizinprodukte (Problematik der Produktabgrenzung). Für Fertigarzneimittel braucht man beispielsweise in Deutschland eine Zulassung (siehe *Kapitel 3.B*). Umgekehrt dürfen Lebensmittel in Deutschland nicht gesundheitsbezogen beworben werden (**Heilmittelwerbegesetz, HWG**). Auch ist im Europäischen Lebensmittelrecht die Bezeichnung *GMP* nicht üblich, sondern stattdessen der Begriff des *sicheren* bzw. *nicht sicheren* Lebensmittels, wie im sogenannten **EU-Hygienepaket** dargelegt. Ganz anders ist es in den USA: Dort wird der GMP-Begriff auch für die Lebensmittelherstellung verwendet.

Im Grenzbereich zwischen Arzneimitteln und Lebensmitteln liegen die **Nahrungsergänzungsmittel (NEM)**, wie Multivitaminpräparate oder Ballaststofftabletten. Sie dienen dazu, den Stoffwechsel zusätzlich zur Nahrung mit bestimmten Nähr- oder Wirkstoffen zu versorgen. Nahrungsergänzungsmittel gehören in Europa rechtlich zu den Lebensmitteln und fallen in Deutschland unter die Regelungen des **Lebensmittel-, Bedarfsgegenstände- und Futtergesetz-**

buchs (LFGB). Für ihre Sicherheit und Qualität sind die Hersteller/Vertreiber eigenverantwortlich.

Ähnlich ist es mit **Kosmetika**: Auch hier gelten *nicht* die GMP-Vorschriften, sondern sie fallen unter die Regeln des **LFGB**. Zusätzlich gibt es eine spezielle **Kosmetikverordnung**, die beispielsweise festlegt, welche Konservierungs- oder Farbstoffe in Kosmetika verwendet werden dürfen.

Ob ein Produkt nach GMP hergestellt werden muss oder unter ein anderes Recht fällt, kann oft nur ein Jurist entscheiden:
Die Produktabgrenzung zwischen Arzneimitteln, Lebensmitteln, Kosmetika und Medizinprodukten ist je nach Land unterschiedlich geregelt.

2.C   Was versteht man unter einem Wirkstoff?

Arzneimittel bestehen meist aus mehreren Zutaten: Aus der Substanz, die im Körper eine Wirkung entfalten soll (**Wirkstoff,** Active Pharmaceutical Ingredients, API), sowie neutralen Hilfsstoffen, die die Einnahme erleichtern oder die Haltbarkeit verbessern. Wirkstoffe können aus **Pflanzen** gewonnen werden, aber auch aus **Tieren** (z. B. Heparin, Insulin), **Bakterien, Pilzen** (z. B. Penicillin) oder menschlichem **Blut** (z. B. Gerinnungsfaktoren). Viele Wirkstoffe werden synthetisch im Labor hergestellt, d.h. aus kleineren Molekülen zusammengesetzt. Oft dienen dabei Naturstoffe als Ausgangsstoffe oder als Vorbilder, die dann chemisch so verändert werden, dass der Stoff wirksamer oder besser verträglich ist.

2.D   Wozu dienen pharmazeutische Hilfsstoffe?

Vor hundert Jahren wurde Medizin häufig als Pulver mit dem Spatel oder Löffel eingenommen. Es kam auf ein bisschen Pulver mehr oder weniger nicht so an, denn von den damals gebräuchlichen Arzneistoffen musste man sowieso mehrere Gramm einnehmen, damit sie überhaupt wirkten. Das ist bei unseren heutigen Wirkstoffen ganz anders: Hier genügen meist schon wenige Mikrogramm, damit die gewünschte Wirkung eintritt. Ein paar Körnchen mehr könnten aber bereits schaden. Deswegen ist es völlig unmöglich, diese Wirkstoffe in reiner Form anzuwenden: Man muss sie mit gut verträglichen, neutralen Stoffen (**Hilfsstoffe, Excipients**) so vermischen, damit sie sich exakt dosieren lassen.

Außerdem geben die Hilfsstoffe dem Arzneimittel seine Form. Beispielsweise lässt sich ein Wirkstoffpulver allein nicht so gut auf die Haut streichen, wie als Salbe. Auch Tabletten lassen sich nicht aus reinem Wirkstoffpulver herstellen: Viele Wirkstoffe würden nach dem Zusammenpressen wieder auseinander bröseln wie Sand. Um schöne, feste (aber nicht betonharte!) Tabletten mit gleichmäßigem Gewicht zu erhalten benötigt man deshalb ebenfalls Hilfsstoffe.

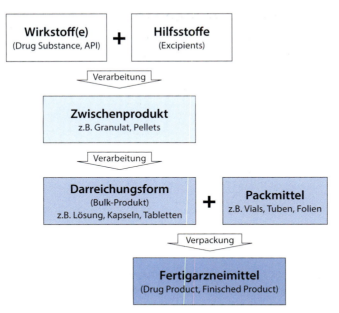

Abbildung 2.C.-1 *Wirkstoff, Hilfsstoff und Arzneimittel*

Als Hilfsstoffe kommen meist **Naturstoffe** zum Einsatz, wie sie auch in Lebensmitteln verwendet werden: Stärken, Cellulose, Gelatine, Pflanzenöle, Bienenwachs, aber auch Aromen und Konservierungsstoffe.

 Hilfsstoffe geben dem Arzneimittel die Form, erleichtern die Einnahme und verbessern die Haltbarkeit.

© Maas & Peither AG – GMP-Verlag

2.E   Warum gibt es unterschiedliche Arzneiformen?

Ein Wirkstoff ist noch kein Arzneimittel. Erst wenn er in eine Darreichungsform gebracht wurde, lässt er sich sicher dosieren und patientenfreundlich anwenden.

Schon rein äußerlich unterscheiden sich Arzneiformen grundlegend. So gibt es:

- flüssige Formen (Tropfen, Säfte, Injektionen, Infusionen, Sprays)
- halbfeste Formen (Salben, Cremes, Gele, Emulsionen, Zäpfchen)
- feste Formen (Tabletten, Kapseln, Pulver, Dragees, Granulate, Puder)
- therapeutische Systeme (Wirkstoffpflaster, Implantate)

Man kann sich allerdings schon fragen, warum in den Apotheken so viele verschiedene Arzneiformen angeboten werden. Wäre es nicht einfacher und billiger, jede Arznei nur als Tabletten herzustellen?

Was auf den ersten Blick so schön rationell aussieht, scheitert in der Praxis am Verwendungszweck und an den Eigenschaften der Wirkstoffe:

- Viele Wirkstoffe werden im Magen-Darm-Trakt zersetzt, andere sind schlecht magenverträglich. Daher wäre es sinnlos, Tabletten daraus herzustellen. In diesem Falle braucht man Injektionen, Zäpfchen, Arzneistoffpflaster (Transdermale Therapeutische Systeme) oder Sprays, die inhaliert oder unter die Zunge gesprüht werden.
- Normale Tabletten brauchen eine gewisse Zeit bis sie zerfallen und durch den Magen gewandert sind. Damit die Wirkung schneller eintritt, gibt es Brause- oder Kautabletten und Trinkgranulate. Auch die Pulver oder kleinen Kügelchen (Pellets), die in Hartgelatinekapseln geschluckt werden, dienen dazu, dass der Wirkstoff schneller oder über einen längeren Zeitraum aufgenommen werden kann.

- Nahrungsmittel und Getränke können die Wirksamkeit von Arzneimitteln beeinflussen, wenn sie zeitgleich verzehrt werden. Manche Wirkstoffe zeigen so starke Wechselwirkungen mit der Nahrung, dass es sicherer ist, sie auf anderem Weg in den Körper zu bringen.
- Spätestens nach 24 Stunden scheidet der Körper aus, was sich im Darm befindet. Wenn eine längere Wirkung nötig ist, sind Arzneistoffpflaster, Depotinjektionen oder Implantate der bessere Weg.
- Wer bewusstlos ist oder in Narkose liegt, würde an Tabletten ersticken. Notfallmedikamente werden daher injiziert oder inhaliert – nur so bekommt man eine Sofortwirkung.
- Manche Arzneimittel sollen direkt an einem bestimmten Ort wirken: Dafür gibt es spezielle Arzneiformen, wie Augentropfen oder -salben, Nasensprays, Wundtinkturen und -sprays, Nagellacke, Salben und Gele.

Es gibt noch viele weitere gute Gründe, Wirkstoffe in immer neuartigen Arzneiformen zu verpacken. So kann man durch geschickte Wahl der Arzneiform sowohl die **Wirksamkeit** als auch die **Haltbarkeit** vor Arzneimitteln enorm verbessern. Mittlerweile ist es sogar möglich, Wirkstoffe gezielt an den Ort im Körper zu transportieren, an dem die Wirkung erwünscht ist (**Drug Targeting**)!

Unterschiedliche Arzneiformen ermöglichen es, gezielt zu therapieren und die Nebenwirkungen gering zu halten.

Für die Herstellung von festen Formen braucht man natürlich eine andere Ausrüstung, als beispielsweise für flüssige Formen. Außerdem kommt es auch darauf an, für welchen Zweck eine Arzneiform hergestellt wird: Bei Arzneimitteln, die am Auge oder in offenen Wunden angewendet oder in den Körper injiziert werden sollen, könnten schon geringste Verunreinigungen bedrohliche Gesundheitsschäden verursachen. Deswegen müssen diese Arzneiformen unter ganz besonders strengen Bedingungen hergestellt, verpackt und gelagert werden (siehe *Kapitel 8.D*).

Unterschiedliche Arzneiformen erfordern unterschiedliche Herstellungsbedingungen, spezielle Prüfungen und entsprechend geschultes Personal.

2.F   Welches sind die häufigsten Arzneiformen?

Ampulle: sterile, in ein zugeschmolzenes Glasgefäß abgefüllte, wirkstoffhaltige Lösung oder Suspension zur Injektion oder Infusion.

Dosier-Aerosol: Wirkstofflösung oder -suspension mit Treibgas in einem Blech- oder Glasgefäß. Durch Druck auf ein Dosierventil kann eine bestimmte Wirkstoffmenge freigesetzt und inhaliert werden.

Dragee: Ein wirkstoffhaltiger Kern ist mit einer glatten Hüllschicht überzogen, sodass die Dragees leichter als Tabletten geschluckt werden können. Neben einem besseren Geschmack und Aussehen dient die Hülle dem Schutz des Kerns, z.B. vor Magensäure.

Emulsion: dickflüssige Mischung aus miteinander nicht oder nur teilweise mischbaren Flüssigkeiten (meist Öl und Wasser).

Extrakt: konzentrierte Zubereitung von flüssiger, fester oder zähflüssiger Beschaffenheit aus getrocknetem pflanzlichem oder tierischem Material.

Gel: halbfeste Zubereitung aus einer Flüssigkeit und einem Quellmittel. Die Wirkstoffe sind in der Flüssigkeit gelöst. Wegen ihrer kühlenden Wirkung werden Gele beispielsweise zur Behandlung von Sonnenbrand oder Mückenstichen verwendet.

Granulat: Ein Granulatkorn besteht aus zusammengeklebten Pulverpartikeln. Granulate werden meist zu Tabletten weiterverarbeitet, kommen aber auch als Trinkgranulat oder zum Einnehmen in den Handel.

Kapsel: Sie besteht aus Gelatine oder anderen Substanzen, die den Wirkstoff entweder als Granulat (Hartgelatinekapsel) oder in flüssiger/öliger Form (Weichgelatinekapsel) enthält.

🔖 **Zerbeißkapsel:** Diese Kapseln sollen nicht geschluckt, sondern zerbissen werden, sodass der flüssige Inhalt in die Mundhöhle läuft. Die Wirkung tritt sofort ein, weil der Wirkstoff durch die Mundschleimhaut aufgenommen wird, und nicht erst den langen Weg durch Magen und Darm nehmen muss.

Film- oder Lacktablette: Die Tabletten werden mit einer sehr dünnen Lackschicht überzogen. Dadurch können sie leichter geschluckt werden und ihr Geschmack wird neutralisiert.

Lösung: klare, flüssige Arzneiform, die den Wirkstoff in gelöster Form enthält. Lösungen gibt es als Sirup, Saft, Augen-, Nasen- und Ohrentropfen oder Sprays.

Salbe: streichfähige, halbfeste Zubereitung zur lokalen Anwendung auf Haut und Schleimhäuten. Andere halbfeste Formen sind Cremes, Gele, Pasten und Emulsionen.

Sublingualspray: Diese Notfallmedikamente enthalten gelöste Wirkstoffe in einem Sprayfläschchen. Wird das Medikament unter die Zunge gesprüht, tritt die Wirkung sofort ein, weil der Wirkstoff durch die Mundschleimhaut aufgenommen wird.

Suspension: Diese Medikamente enthalten feste Partikel in einer Flüssigkeit. Da sich diese leicht absetzen, muss man vor dem Gebrauch gut schütteln. Ein typisches Beispiel sind Antibiotika-Säfte.

Tablette: Pulver oder Granulate, die aus einem oder mehreren Wirkstoffen bestehen, sind zu runden oder länglichen Presslingen zusammengefügt – manchmal mit Bruchkerben. Meist sollen Tabletten unzerkaut geschluckt werden. Es gibt aber auch besondere Arten:

🔖 **Kautablette/Schmelztablette:** Diese Tabletten werden gekaut bzw. zergehen von selbst auf der Zunge. Dadurch wird der Wirkstoff sofort freigesetzt und die Wirkung tritt sehr schnell ein.

🔖 **Brausetablette:** Auch diese Tabletten wirken besonders schnell, weil der Wirkstoff bereits beim Auflösen im Wasserglas freigesetzt wird.

🔖 **Lutschtablette:** Durch spezielle Zutaten lösen sich diese Tabletten erst langsam in der Mundhöhle auf und entfalten so über längere Zeit eine lokale Wirkung beispielsweise bei Halsentzündung.

🔖 **Retardtablette:** In diesen speziellen Tabletten ist der Wirkstoff in Hilfsstoffe „eingebettet", sodass er erst langsam, aber dafür über mehrere Stunden freigegeben wird. Die Wirkung kann einen ganzen Tag lang anhalten.

Tinktur: flüssige Zubereitung zum Einnehmen oder zur Anwendung auf der Haut oder Schleimhaut, die durch Extraktion aus getrocknetem pflanzlichen oder tierischen Material hergestellt wurde.

Transdermales Therapeutisches System: wirkstoffhaltiges Pflaster zum Aufkleben auf die Haut, das über einen bestimmten Zeitraum Wirksubstanz durch die Haut an den Körper abgibt.

Zäpfchen (Suppositorium): längliche Arzneiform, die in den Darm oder bei gynäkologischen Erkrankungen in die Vagina (**Vaginalkugeln**) eingeführt wird. Zäpfchen sind bei Raumtemperatur fest und schmelzen bei Körpertemperatur oder lösen sich auf.

2.G   Wie entsteht ein Arzneimittel?

Vom Wirkstoff bis zum fertigen Medikament – bis ein Arzneimittel „fix und fertig" in der Apotheke an den Verbraucher abgegeben werden kann, durchläuft es viele Einzelschritte.

1. **Forschung und toxikologische Prüfung:** Beobachtungen an Naturstoffen oder bereits bekannten Arzneimitteln bringen Wissenschaftler oft auf Ideen, wie man Wirkstoffmoleküle chemisch so verändern kann, dass sie besser wirken und weniger Nebenwirkungen zeigen. In jahrzehntelanger Arbeit werden Tausende von Verbindungen getestet, meist mit Hilfe von Computer-Simulationen oder Zellkultur-Modellen. Bevor dann eine dieser Verbindungen für die Arzneimittelentwicklung ausgesucht wird, muss sie toxikologische Prüfungen durchlaufen. Diese Tests, die nach den **GLP-Regeln** (siehe *Kapitel 1.G*) durchgeführt werden müssen, stellen u.a. sicher, dass der neue Stoff nicht allergieauslösend oder krebserregend wirkt, bestimmte Organe schädigt oder die Fortpflanzung beeinträchtigt.

2. **Entwicklung, Prüfung und Zulassung:** Es dauert etwa zehn bis zwölf Jahre, bis die Entwicklung eines neuen Arzneimittels und alle vorgeschriebenen Prüfungen erfolgreich abgeschlossen sind. Besonders wichtig sind die **klinischen Studien**, in denen an einer großen Zahl freiwilliger Patienten gezeigt wird, dass das neue Arzneimittel tatsächlich wirksam und verträglich ist. Damit die Ergebnisse dieser Studien glaubwürdig sind und die Rechte der Patienten gewahrt werden, sind klinische Studien immer nach den **GCP-Regeln** (siehe *Kapitel 1.G*) durchzuführen. Die Behörden überprüfen sämtliche Daten und Unterlagen. Erst wenn sie von der Wirksamkeit und Sicherheit des neuen Arzneimittels überzeugt sind, erteilen sie dem Antragsteller die notwendige Zulassung, um das Arzneimittel zu vermarkten.

3. **Einkauf und Prüfung der Ausgangsstoffe:** Aus minderwertigen Rohstoffen kann man keine hochwertige Arznei herstellen. Daher dürfen alle Bestandteile von Arzneimitteln nur von überprüften Lieferanten bezogen werden (siehe *Kapitel 4.C.2* und *Kapitel 10.B*). Zusätzlich wird jede Lieferung nochmals genau kontrolliert und im Labor analysiert (siehe *Kapitel 9*).

4. **Einwaage und Verarbeitung:** Die Rezepturen und Herstellschritte für Arzneimittel sind exakt festgelegt und mehrfach überprüft. Bei der Einwaage und jedem folgenden Verarbeitungsschritt gilt es nun, diese präzise einzuhalten (siehe *Kapitel 8.C*). Wenn beispielsweise Mischungen aus einem oder mehreren Wirkstoffen und Hilfsstoffen hergestellt werden, müssen diese homogen gemischt werden. Das bedeutet: Entnimmt man eine Probe, muss diese identisch mit jeder anderen Probe aus derselben Masse sein.

5. **Verpackung und Etikettierung:** Was so sorgfältig hergestellt wurde, muss anschließend gut verpackt werden, damit es vor Licht, Luft, Schmutz und Keimen geschützt möglichst mehrere Jahre gelagert werden kann. Folien, Faltschachteln und Patienteninformationen dürfen dabei nicht verwechselt oder vermischt werden, denn darauf stehen wichtige Informationen zur Dosierung, Anwendung und Haltbarkeit (siehe *Kapitel 8.E*)!

6. **Zwischenprüfungen und Endprüfung:** Früher war es üblich, erst die fertigen Medikamente zu überprüfen (siehe *Kapitel 9*). Leider lassen sich bei Endkontrollen aber nur kleine Stichproben testen – sonst bleibt ja nichts mehr zum Verkaufen übrig! Daher konnten immer wieder unbemerkt mangelhafte Packungen zu Patienten gelangen, oft mit ernsten Folgen. Deswegen gibt es heute viele zusätzliche Kontrollschritte bereits während des Produktionsprozesses (**In-Prozess-Kontrollen**, siehe *Kapitel 8.C.3*). Nur so kann man rechtzeitig und sicher erkennen, falls es Qualitätsprobleme geben sollte.

7. **Lagerhaltung und Versand:** Patienten brauchen Medikamente rund um die Uhr. Deswegen bestellen Apotheken mehrmals täglich bei Großhandel und Herstellern. Voraussetzung ist, dass noch genügend Arzneimittel am Lager sind, und diese schnell und sicher für den Versand verpackt werden (siehe *Kapitel 10.D*). Auch auf dem Transport muss die Arznei optimal geschützt sein, damit beispielsweise Ampullen nicht zerbrechen, Wirkstoffe sich bei Sommerhitze nicht zersetzen oder Fälscher nicht teure Arzneimittel durch wirkungslose Kopien austauschen können.

 Arzneimittelqualität entsteht Schritt für Schritt und beginnt schon in der Entwicklung. Kein Zwischenschritt lässt sich durch einen anderen ersetzen.

3 Gesetze, Erlaubnisse und Überwachung

Inzwischen haben die Gesetzgeber aller wichtigen Pharmamärkte (u.a. EU, USA, Japan) in Gesetzen und Verordnungen verbindlich geregelt, wie Arzneimittel hergestellt werden müssen (siehe *Kapitel 11* und *Kapitel 3.E*).

Länder, die noch keine detaillierten gesetzlichen Regelungen haben, sollten sich nach den Empfehlungen der Weltgesundheitsorganisation WHO richten, die detaillierte GMP-Leitlinien und auch GMP-Trainingsmaterial verfasst hat.

 Alle GMP-Regelwerke haben dasselbe Ziel: die kompromisslos hohe Qualität von Arzneimitteln – zum Schutze der Patienten.

3.A Wer darf Arzneimittel herstellen?

Damit niemand unter unhygienischen Bedingungen im Hinterhof Arzneimittel produziert, muss man eine behördliche Erlaubnis beantragen, wenn man Arzneimittel herstellen oder prüfen möchte. Bevor diese sogenannte **Herstellungserlaubnis** (in der Schweiz: Herstellungsbewilligung) erteilt wird, überprüft die zuständige Behörde in einer **Inspektion** (siehe *Kapitel 3.G.1*), ob überhaupt alle notwendigen Voraussetzungen gegeben sind, z.B.

- ↳ Gibt es geeignete Räume zur Arzneimittelherstellung, -prüfung und -lagerung (siehe *Kapitel 7.A*)?
- ↳ Gibt es genügend Mitarbeiter mit soliden Fachkenntnissen (siehe *Kapitel 5.A*)?
- ↳ Gibt es geeignete Maschinen und Geräte? Werden sie regelmäßig gewartet und gereinigt (siehe *Kapitel 7.B* ff.)?
- ↳ Hat die Firma schriftlich festgelegt, wer wofür verantwortlich ist (Organigramme und Stellenbeschreibungen, siehe *Kapitel 5.D*)?
- ↳ Hat die Firma alle qualitätsbezogenen Arbeits- und Entscheidungsabläufe in einem Qualitätsmanagement-System beschrieben (siehe *Kapitel 4.B.4* und *Kapitel 4.C*)?
- ↳ Hat die Firma jede Tätigkeit in schriftlichen Arbeitsanweisungen beschrieben, und wird jede Arbeit präzise protokolliert (siehe *Kapitel 6*)?
- ↳ Werden die GMP-Regeln erfüllt (**Compliance**, siehe *Kapitel 3.F*)?

In regelmäßigen Folgeinspektionen (siehe *Kapitel 3.G.1*) überprüfen die zuständigen Behörden, ob die Voraussetzungen für die Arzneimittelherstellung oder -prüfung tatsächlich immer noch erfüllt werden. Falls das nicht der Fall ist und ernste Verstöße festgestellt werden, kann die Herstellungserlaubnis entzogen werden.

Eine Herstellungserlaubnis ist nicht nur für *typische Herstellschritte*, wie Salbenrühren oder Tablettieren erforderlich. Auch Firmen, die ausschließlich **Verpackungsschritte** durchführen, benötigen eine Herstellungserlaubnis, z.B. wenn sie Tabletten in Blisterfolien (Durchdrückfolien) einsiegeln, fertige Blister in Faltschachteln verpacken oder Etiketten für ein bestimmtes Land aufkleben. Sogar **Kontrolllabors**, die **Freigabeanalysen** (siehe *Kapitel 9.F.3*) an Arzneimitteln durchführen, benötigen in der Regel eine Herstellungserlaubnis.

Welche Anforderungen genau zu erfüllen sind, regelt jeder Staat selber: In Deutschland sind die Voraussetzungen im **AMG** (Arzneimittelgesetz) und in der **AMWHV** (Arzneimittel- und Wirkstoff-Herstellungsverordnung) beschrieben, in der Schweiz im **HMG** (Heilmittelgesetz), in der **AMBV** (Arzneimittelbewilligungsverordnung) und weiteren Verordnungen, in Österreich im **AMG** (Arzneimittelgesetz) und in der **AMBO** (Arzneimittelbetriebsordnung).

Diese nationalen Anforderungen muss ein Arzneimittelhersteller auf jeden Fall erfüllen – selbst wenn er die Arzneimittel ausschließlich ins Ausland, z.B. in die USA, verkaufen möchte.

Nur wer GMP erfüllt, darf Arzneimittel herstellen, verpacken oder prüfen.

3.B Welche Arzneimittel darf man auf den Markt bringen?

Wer eine Herstellungserlaubnis hat, darf dennoch nicht „alle möglichen" Arzneimittel auf den Markt bringen, die sich gerade gut verkaufen lassen. Im Gegenteil: Für jedes einzelne Arzneimittel, das auf den Markt gebracht werden soll, muss zuvor bei der Behörde eine **Zulassung** beantragt werden, wozu man umfangreiche Datenpakete (ein ganzes Paket voller DVDs!) einreichen muss. Dieses sogenannte **Zulassungsdossier** enthält genaue Informationen über die Wirksamkeit, mögliche Neben- und Wechselwirkungen, Herstellungs- und Prüfverfahren, Angaben zu Verpackung, Haltbarkeit und Lagerungsbedingungen, Ergebnisse von klinischen Studien und vieles mehr.

Bei einer **zentralen Zulassung** für die ganze EU werden diese Unterlagen von der europäischen Zulassungsbehörde, der **EMA** (European Medicines Agency) geprüft. Von deutscher Seite ist das **BfArM** (Bundesinstitut für Arzneimittel und Medizinprodukte) in die EU-Zulassungsverfahren eingebunden, sowie für **nationale Zulassungen** einiger spezieller Produkte zuständig.

Anstelle einer Zulassung gibt es für **Homöopathische Arzneimittel**, bei denen keine Anwendungsgebiete angegeben sind und daher keine Wirksamkeitsprüfung möglich ist, die **Registrierung** beim BfArM.

Wer eine Zulassung oder Registrierung besitzt, wird in Deutschland als **Pharmazeutischer Unternehmer** bezeichnet. Der Name dieser Firma ist auf der Medikamentenpackung aufgedruckt. Ein Pharmazeutischer Unternehmer muss Arzneimittel nicht selbst herstellen, sondern kann sie auch **importieren** oder von **Lohnherstellern** (siehe *Kapitel 4.C.2*) im Auftrag herstellen lassen. Dennoch hat der Pharmazeutische Unternehmer die letztendliche Verantwortung für das Arzneimittel. Er hat festgelegte Pflichten, die er erfüllen muss, bevor er eine Arzneimittelcharge **in Verkehr bringt**, das bedeutet: verkauft, verschenkt oder für den Verkauf auf Lager hält.

Um Arzneimittel in der Schweiz auf den Markt zu bringen, muss man eine Zulassung beim schweizerischen Heilmittelinstitut **Swissmedic** beantragen.

Wer Produkte in den USA auf den Markt bringen möchte, muss das Zulassungsdossier bei der amerikanischen Arzneimittelbehörde **FDA** (Food and Drug Administration) einreichen.

Wenn die Behörden die Inhalte der Zulassungsunterlagen genau geprüft haben und keine Bedenken bezüglich der Sicherheit und Qualität der Arzneimittel haben, erteilen sie die **Marktzulassung** für ihr jeweiliges Land. Erst dann darf die Pharmafirma das Arzneimittel verkaufen. Zulassungen sind auf fünf Jahre befristet und der **Zulassungsinhaber** muss rechtzeitig eine **Verlängerung** beantragen. Wenn zwischendurch an einem bereits zugelassenen Arzneimittel etwas geändert werden soll, so muss er diese Änderung bei der Zulassungsbehörde **anzeigen**; bei **wesentlichen Änderungen** muss sogar erst eine amtliche Genehmigung abgewartet werden.

Bevor man Arzneimittel auf den Markt bringen darf, muss man bei der im jeweiligen Zielland zuständigen Zulassungsbehörde eine Marktzulassung beantragen (Ausnahme: in kleinem Maßstab in Apotheken hergestellte Medikamente).

3.C Welche Erlaubnis oder Genehmigung braucht man?

Der unsachgemäße Umgang mit Arzneimitteln, Wirkstoffen, Medizinprodukten, Betäubungsmitteln und Chemikalien kann eine besondere Gefahr einerseits für den Mitarbeiter und andererseits für die ganze Bevölkerung bedeuten. Deswegen sind bestimmte Tätigkeiten in Deutschland und vielen europäischen Ländern gesetzlich geregelt. Eine ganze Reihe von Erlaubnissen, Kontrollmechanismen und Überwachungsmaßnahmen soll verhindern, dass absichtlich oder aus Unwissenheit Personenschäden oder gar Katastrophen verursacht werden.

Hier ein Überblick über die wichtigsten amtlichen Kontrollmaßnahmen:

Herstellungserlaubnis: Wer in Deutschland Arzneimittel herstellen, verpacken, umpacken oder etikettieren möchte, muss bei der zuständigen Landesbehörde eine Erlaubnis beantragen. Die Behörde überprüft vor Erteilung der Erlaubnis und danach in regelmäßigen Abständen, ob ein Unternehmen alle notwendigen Voraussetzungen erfüllt, also beispielsweise alle GMP-Regeln einhält.

Erlaubnis für Kontrolllabors: Labors, die Analysen an Arzneimitteln durchführen, benötigen dazu in der Regel eine spezielle behördliche Erlaubnis. Wenn die Analysenergebnisse herangezogen werden sollen, um zu entscheiden, ob eine Produktcharge in den Handel oder in die Klinik kommen darf, ist es schließlich besonders wichtig, dass im Labor alles korrekt und nachprüfbar abgelaufen ist.

Großhandelserlaubnis: Wer Arzneimittel beschaffen, lagern, an andere Händler abgeben oder exportieren möchte, braucht eine Großhandelserlaubnis. Die zuständige Behörde erteilt diese Erlaubnis nur, wenn beispielsweise die Lagerräume speziell für die Lagerung von Arzneimitteln geeignet sind.

Apothekenbetriebserlaubnis: Wer eine Apotheke betreiben möchte, die ja auch in begrenztem Umfang selbst Arzneimittel herstellen darf, muss ebenfalls eine Erlaubnis dazu besitzen. Auch Apotheken werden regelmäßig von den Behörden überwacht.

Anzeigepflicht: Bestimmte Tätigkeiten müssen an die zuständige Behörde gemeldet werden, bevor man sie durchführt. Das gilt beispielsweise für Personen oder Einzelhandelsgeschäfte, die sogenannte freiverkäufliche Arzneimittel außerhalb von Apotheken verkaufen möchten.

Überwachung: Inspektoren der Landesbehörden dürfen angemeldet oder unangemeldet Unternehmen inspizieren, welche eine Erlaubnis benötigen (siehe *Kapitel 3.G.1*).

Zulassung: Bevor ein neues Arzneimittel in einem Land auf den Markt gebracht werden darf, muss vom Pharmaunternehmen nachgewiesen werden, dass es wirksam und unbedenklich ist und in ausreichender Qualität hergestellt werden kann. Nach genauer Überprüfung aller Daten und Informationen erteilt die zuständige Zulassungsbehörde die Marktzulassung als Voraussetzung für den Verkauf im jeweiligen Land.

Marktfreigabe/Chargenfreigabe: Es reicht nicht aus, die Qualität eines bestimmten Arzneimittels einmalig in Zulassungsdokumenten zu beschreiben. Jedes Mal bevor eine Charge (das ist die Portion Arzneimittel, die in einem einheitlichen Arbeitsgang hergestellt wurde) dieses Arzneimittels in den Handel kommt, sind umfangreiche Kontrollen vorgeschrieben: Ein besonderer Verantwortungsträger in der Pharmafirma, die **Sachkundige Person** (**Qualified Person**, **QP**, siehe *Kapitel 5.D.3*), muss penibel sämtliche Dokumente und Informationen prüfen, die im Laufe der Herstellung und Prüfung dieser speziellen Charge zusammengestellt wurden. Mit ihrer Unterschrift übernimmt die QP persönlich Verantwortung dafür, dass die Arzneimittelcharge tatsächlich qualitativ so einwandfrei ist, wie in der Zulassung beschrieben (**Chargenzertifizierung**, siehe *Kapitel 9.F.3*).

Pharmakovigilanz (Überwachung der Arzneimittelsicherheit): Obwohl Arzneimittel vor ihrer Marktzulassung genauestens geprüft wurden, kann es so seltene Nebenwirkungen oder auch Wechselwirkungen mit anderen Medikamenten geben, dass man sie erst bemerkt, wenn viele Tausend Patienten das Medikament verwendet haben. Deswegen sammeln Ärzte, Apotheker und Pharmafirmen jede Meldung und jeden Verdacht auf unerwünschte Arzneimittelwirkungen und leiten sie an die Behörde weiter. In Deutschland muss jeder **Pharmazeutische Unternehmer** (siehe *Kapitel 3.B*) eine verantwortliche Person als **Stufenplanbeauftragten** benennen, der für die Sammlung und Weiterleitung von Verdachtsfällen verantwortlich ist. Die Abteilung **Pharmakovigilanz** des Bundesinstituts für Arzneimittel und Medizinprodukte (BfArM) sammelt und bewertet diese Berichte und trifft – wenn erforderlich – Maßnahmen zur Risikominimierung. Firmen in Österreich und der Schweiz haben anstelle des Stufenplanbeauftragten einen **Pharmakovigilanzverantwortlichen**.

3.D Warum gibt es so viele unterschiedliche Richtlinien, Leitlinien und Empfehlungen?

Es ist nicht ganz einfach, den Überblick über alle Richtlinien und Guidelines zu behalten, die es mittlerweile zum Thema GMP gibt! Oft ist der Inhalt sehr ähnlich – dennoch muss man genau hinschauen, für welche Produkte oder für welche Länder ein bestimmtes Dokument gilt.

Einige Vorgaben sind **gesetzlich verpflichtend**. Allerdings sind diese Gesetze meist sehr allgemein formuliert, denn sie sollen ja für viele verschiedene Produkte von sehr unterschiedlichen Firmen gelten. Zusätzlich verlangen die Gesetze jedoch, dass Firmen immer nach dem **aktuellen Stand der Technik** arbeiten, also erfüllen, was im Moment für ihre Produkte üblich und möglich ist.

Um offene Fragen zu klären und den Firmen eine Hilfestellung bei der Interpretation der Gesetze zu geben, verfassen verschiedene Behörden und Gremien (z.B. FDA, EMA, EU-Kommission, ZLG, siehe *Kapitel 3.E.6* ff.) zusätzliche interpretierende Leitlinien zu aktuellen GMP-Themen. Diese Dokumente haben ganz unterschiedliche Bezeichnungen, z.B. Guidelines, Points to Consider, Aide-Mémoires (Erinnerungshilfen) oder Q&A-Dokumente (Question and Answer). Ob ein Dokument „Guide", „Guidance", „Guideline" oder anders heißt, hat dabei nichts damit zu tun, wie wichtig es ist.

Was aktuell in einzelnen Branchen als „Stand der Technik" gilt, findet man darüber hinaus in den **Leitlinien der Industrieverbände**. Dazu gehören beispielsweise die Leitfäden und Empfehlungen der folgenden Organisationen:

- European Chemical Industry Council (**CEFIC**), einschließlich Active Pharmaceutical Ingredients Committee (**APIC**)
- International Pharmaceutical Excipients Council (**IPEC**)
- International Pharmaceutical Supply Chain Consortium (**RX360**)

- International Society for Pharmaceutical Engineering (**ISPE**), einschließlich **GAMP**-Richtlinien (Good Automated Manufacturing Practices)
- Parenteral Drug Association (**PDA**)
- **Verein Deutscher Ingenieure (VDI)**

Da diese Leitlinien und Checklisten immer nur bestimmte Produktarten betreffen, sind sie meist sehr viel detaillierter formuliert als die Gesetze – aber es sind nur *Empfehlungen*. Firmen könnten also auch andere Regelungen treffen, wenn sie es begründen können, und es mit dem Gesetz vereinbar ist.

Was im Gesetz steht, ist verbindlich. Zusätzlich muss der aktuelle Stand der Technik berücksichtigt werden.

3.E   Welches sind die wichtigsten GMP-Regelwerke?

3.E.1   EU-GMP-Leitfaden

Was im EU-GMP-Leitfaden (im Internet unter Eudralex, siehe Link in *Kapitel 11*) steht, ist in Deutschland und allen EU-Mitgliedsstaaten verbindlich. Sogar die Schweiz hat diese Regeln in nationales Recht übernommen. Das bedeutet: Wer in der EU oder der Schweiz Arzneimittel oder Wirkstoffe herstellt oder dorthin importiert, muss alle diese Anforderungen unbedingt einhalten!

Der EU-GMP-Leitfaden besteht aus drei Teilen und 18 Anhängen:

Teil I befasst sich mit der Herstellung, Prüfung und Verpackung von **Arzneimitteln**, einschließlich Lagerhaltung, Einkauf, Personal, Räumlichkeiten und Ausrüstung, Dokumentation, Selbstinspektion, Herstellung und Prüfung im Lohnauftrag, Beanstandungen und Produktrückruf.

Teil II regelt dieselben Themen für **Wirkstoffe**. Außerdem gibt es hier spezielle Vorschriften für den **Handel mit Wirkstoffen**.

Teil III enthält Empfehlungen (**Best-Practice-Dokumente**), wie **Site Master File, Qualitätsmanagementsysteme** und **Risikomanagement** (siehe *Kapitel 4.C.3*) im pharmazeutischen Umfeld gestaltet sein sollten.

Die Anhänge beziehen sich auf Teil I und befassen sich mit

- **speziellen Produkten**: sterile Arzneimittel, biologische Arzneimittel, medizinische Gase, Tierarzneimittel, pflanzliche Arzneimittel, flüssige Arzneiformen („Liquida"), Cremes und Salben, Aerosolpräparate, Blutprodukte, Radiopharmaka und klinische Prüfpräparate
- **speziellen Themen**: Probenahme von Ausgangsstoffen und Verpackungsmaterial, Computergestützte Systeme, Qualifizierung, Validierung und Marktfreigabe

3.E.2   PIC/S-GMP-Leitfaden

Der **PIC/S-GMP-Leitfaden** ist nahezu identisch mit dem EU-GMP-Leitfaden. Er gilt jedoch über die EU hinaus in Staaten wie Australien, Südafrika und Japan. PIC/S steht für Pharmaceutical Inspection Cooperation Scheme und bedeutet, dass die Behörden der Mitgliedsländer vereinbart haben, gleich hohe Maßstäbe bei der Arzneimittelherstellung anzusetzen und nach gleichen Grundlagen zu inspizieren. Teilweise erkennen die Behörden der PIC/S-Länder gegenseitig ihre GMP-Inspektionen an. Darüber hinaus arbeiten die PIC/S-Mitglieder stetig an der weltweiten Harmonisierung der GMP-Regeln. Daraus ist eine große Anzahl nützlicher Empfehlungen und Leitlinien zu verschiedenen GMP-Themen entstanden (**PIC/S-Guidances**, **Recommendations**, **Technical Interpretations**, **Good Practices** und **Aide-Mémoires**).

3.E.3   ICH-Richtlinien (ICH Guidelines)

Ein Gremium aus Behörden- und Industrievertretern der drei wichtigsten Pharmamärkte, USA, Japan und Europa, trifft sich seit 1990 regelmäßig, um Richtlinien zur Bewertung von Qualität, Unbedenklichkeit und Wirksamkeit von Arzneimitteln zu erarbeiten.

Ursprünglich wurde diese **International Conference on Harmonisation for Technical Requirements for Registration of Pharmaceuticals for Human Use (ICH)** gegründet, um die damals noch sehr unterschiedlichen Zulassungsanforderungen der Mitgliedsstaaten zu harmonisieren und zu globalisieren.

Inzwischen hat die ICH viele wichtige GMP-Richtlinien zu analytischen Themen, zum Qualitätsmanagement, zur Arzneimittelentwicklung und zu Herstellung und Handel mit Wirkstoffen verfasst. Die Empfehlungen der ICH haben zwar zunächst keinen verbindlichen rechtlichen Status, aber sie geben weltweit anerkannte Expertenmeinungen wieder. Bestimmte ICH-Empfehlungen haben die Mitgliedsländer sogar in ihre nationale Gesetzgebung übernommen, wie beispielsweise die **ICH Q7** (**GMP für Wirkstoffe**), die zum Teil II des EU-GMP-Leitfadens geworden ist.

3.E.4   FDCAct und 21 CFR

Der (Federal) **Food, Drug and Cosmetics Act** (**FDCA**, FD&C Act oder FFDCA) ist eine Gesetzessammlung, die in den Vereinigten Staaten für die Herstellung von Lebensmitteln, Kosmetik und Arzneimitteln verbindlich ist.

Darüber hinaus gibt es in den USA eine umfangreiche Sammlung an Verwaltungsrecht für alle wichtigen Situationen des öffentlichen Zusammenlebens, den sogenannten **Code of Federal Regulations**, kurz **CFR**.

In Kapitel („Title") 21 dieses Gesetzeswerkes ist in den Abschnitten („Parts") 210 und 211 festgelegt, nach welchen GMP-Regeln Arzneimittel in den USA und für den Import in die USA hergestellt werden müssen. Die Anforderungen des CFR sind inhaltlich sehr ähnlich, wie die des EU-GMP-Leitfadens. Teilweise sind die Anforderungen in Europa allerdings detaillierter und präziser.

21 CFR 11 ist auch unter dem Namen **Part 11** bekannt. In diesem Abschnitt ist festgelegt, welche Anforderungen an elektronische Aufzeichnungen (**Electronic Records**) und elektronische Unterschriften (**Electronic Signatures**) in den USA erfüllt werden müssen.

Die US-amerikanische Behörde FDA, die für Lebensmittel und Arzneimittelzulassung und -überwachung zuständig ist, kontrolliert im eigenen Land und im Ausland sehr genau, ob die betroffenen Betriebe entsprechend **21 CFR 210/211** und **21 CFR 11** arbeiten.

Eine Besonderheit in den USA ist, dass es im **21 CFR 4** spezielle GMP-Regeln für sogenannte **Combination Products** gibt. Damit wurde das Problem gelöst, dass diese aus Medizinprodukt und Arzneimittel kombinierten Produkte vorher keinem Gesetz eindeutig zuzuordnen waren.

3.E.5   Arzneibücher

Arzneibücher (Pharmakopöen) sind laufend aktualisierte Sammlungen amtlich anerkannter Regeln (Qualitätsvorschriften) zur Herstellung und Prüfung von Arzneimitteln.

In Deutschland, Österreich und der Schweiz gilt das **Europäische Arzneibuch** (Pharmacopoeia Europeia, **PhEur**) und zusätzlich jeweils das Deutsche Arzneibuch (**DAB**), das Österreichische Arzneibuch (**ÖAB**), bzw. die Pharmacopoeia Helvetica (**PharmHelv**).

Die PhEur besteht aus einem **allgemeinen Teil**, welcher Bestimmungen und Verfahren für verschiedenste Bereiche der Pharmazie vorschreibt, z.B. Analysen von typischen Verunreinigungen. Die sogenannten **Monographien** im zweiten Teil liefern exakte Definitionen von bestimmten Arzneimitteln, Wirkstoffen und Chemikalien und schreiben Verfahren für Identitäts- und Reinheitsprüfungen, sowie Verpackung und Lagerung vor.

Für homöopathische Arzneiformen gibt es ein eigenes **HAB** (Homöopathisches Arzneibuch), welches die besonderen Herstellungsverfahren der Homöopathie beschreibt.

In Deutschland ist gesetzlich vorgeschrieben, dass alle Wirkstoffe, Hilfsstoffe, Packmaterialien oder Produkte, die im **DAB, HAB** oder der **PhEur** beschrieben sind, mit der jeweiligen Arzneibuchvorschrift übereinstimmen müssen. Auch analytische Prüfmethoden müssen genauso ausgeführt werden, wie es das Arzneibuch vorschreibt – sofern man nicht schriftlich nachweisen kann, dass die eigene Methode vergleichbar mit oder sogar besser als die **Arzneibuchmethode** ist (siehe *Kapitel 9.D.2*).

Werden Arzneimittel für den Export hergestellt, müssen die Arzneibücher der Zielländer beachtet werden, z.B. die **BP** (British Pharmacopoeia), die **USP** (United States Pharmacopoeia) und die **JP** (Japanese Pharmacopoeia).

Es gibt auch ein von der Weltgesundheitsorganisation **WHO** herausgegebenes **Internationales Arzneibuch** (**International Pharmacopoeia, Ph. Int**). Im Vordergrund stehen dabei vor allem Arzneimittel, die von der WHO als besonders bedeutsam für die öffentliche Gesundheit oder in Katastrophenfällen eingestuft wurden (Essential Medicines, Priority Medicines), wie beispielsweise Medikamente zur Behandlung von Malaria, Tuberkulose und HIV/AIDS.

3.E.6   FDA GMP Guides

Da die *gesetzlich verbindlichen* Vorschriften im CFR eher allgemein gehalten sind, hat die FDA zusätzlich viele *empfehlende* GMP-Leitlinien veröffentlicht. Sie heißen beispielsweise „Guidelines on General Principles of …", „Guidance for Industry on …", „Guide to Inspection of …". Alle diese Leitlinien sollen den Stand der Technik darstellen und den Firmen helfen, die Sichtweise der FDA zu verstehen, sowie Lösungsmöglichkeiten für das eigene Unternehmen zu finden. Grundlage für FDA-Inspektionen sind jedoch ausschließlich **FDCAct** und **CFR**.

3.E.7   EMA Guidelines

Auch die **Europäische Zulassungsbehörde** verfasst erklärende Leitlinien, die das Verständnis der Europäischen Zulassungsanforderungen erleichtern sollen. Außerdem gibt es sogenannte **Q&A-Dokumente**, in denen die Behörde häufig gestellte Fragen beantwortet. Auch diese Dokumente sind sehr informativ, aber *nicht gesetzlich verbindlich*.

3.E.8   EU-Richtlinien

Eine besonders bekannte **EU-Richtlinie** ist die sogenannte „Fälschungsrichtlinie" 2011/62/EU, die das Eindringen von gefälschten Arzneimitteln in die legale Lieferkette verhindern soll. Solche Richtlinien (**Direktiven**) der **Europäischen Kommission** (das ist sozusagen die *Regierung* der EU) sind in den einzelnen EU-Mitgliedstaaten nicht direkt verbindlich. Innerhalb bestimmter Fristen müssen sie jedoch in nationale Gesetze oder Verordnung umgesetzt werden. Für GMP-Fragestellungen ist es ratsam, sich an EU-Richtlinien zu orientieren, sobald sie veröffentlicht werden. Allerdings kommt es immer wieder vor, dass bei der späteren Umsetzung in deutsches Recht abweichende Regelungen festgelegt werden.

3.E.9   WHO GMP Guides

Die **Weltgesundheitsorganisation** (WHO) hat detaillierte GMP-Leitlinien und GMP-Trainingsmaterial verfasst und stellt diese kostenlos im Internet zur Verfügung. Sie stellen jedoch nur *Empfehlung*en dar. Da die meisten Inhalte in der EU, den USA und Japan gesetzlich sehr genau geregelt sind, haben die WHO Guidelines in diesen Ländern eher untergeordnete Bedeutung.

3.E.10   CEN/ISO-Normen

GMP verlangt *nicht*, dass bestimmte oder grundsätzlich alle anwendbaren CEN/ISO-Normen erfüllt werden müssen.

Die Grundprinzipien der ISO 9001:2008 wurden für **Pharmazeutische Qualitätsmanagementsysteme** in den Teil III des EU-GMP-Leitfadens übernommen (**ICH Q10**).

Die Hersteller von **Primärpackmitteln** (beispielsweise Folien, Glasgefäße und Stopfen) müssen sich nach der **ISO 15378** (Primary packaging materials for medicinal products – particular requirements for the application of ISO 9001:2000 with reference to GMP) richten.

Für Medizinprodukte gilt die **ISO 13485**.

Selbstverständlich können Pharmafirmen in **Qualitätsvereinbarungen** oder **Spezifikationen** (siehe *Kapitel 6.B.2*) zusätzlich zur Einhaltung von GMPs die Erfüllung bestimmter Werkstoff-Normen, z.B. für die Gestaltung von Anlagen oder Räumen vertraglich mit ihren Auftragnehmern festlegen.

3.E.11   Aide-Mémoires und Verfahrensanweisungen der ZLG

Die Zentralstelle der Länder für Gesundheitsschutz bei Arzneimitteln und Medizinprodukten (**ZLG**) ist eine Behörde, die im Human- und Tierarzneimittelbereich Koordinationsaufgaben zwischen den Überwachungsbehörden der deutschen Bundesländer übernimmt. Zu diesem Zwecke hat sie eine Reihe Merklisten (**Aide-Mémoires**) und Verfahrensanweisungen für Behördenmitarbeiter erarbeitet. Beispielsweise ist genau vorgegeben, wie eine behördliche Inspektion geplant und durchgeführt werden muss. Viele dieser Dokumente sind öffentlich zugänglich und für Pharmafirmen sehr interessant, weil sie die derzeitige Sichtweise der Behörden darstellen. Gesetzlich verbindlich sind diese Dokumente jedoch nicht.

3.E.12   Merkblätter und Technical Interpretations der Swissmedic

Das Schweizerische Heilmittelinstitut **Swissmedic** veröffentlicht nützliche Informationen für Pharmafirmen, wenn bestimmte Fragestellungen betreffend GMP, GDP oder Zulassung in den aktuellen Gesetzen so unpräzise beschrieben sind, dass Klärungsbedarf besteht. Diese hilfreichen Anleitungen und Merkblätter sind jedoch ebenfalls nicht rechtsverbindlich.

 Es gibt eine Vielzahl von Leitlinien, die den Stand der Technik beschreiben. Welche davon angewendet werden müssen, hängt von der Art des Produktes, vom Herstellerland und vom Zielland ab.

3.F   Was ist Compliance?

Compliance bedeutet, dass *alle aktuellen Vorschriften* (z.B. Gesetze, interne Arbeitsanweisungen, Verträge, Vereinbarungen) eingehalten werden. Das betrifft:

- **alle Firmen, die mit Arzneimitteln zu tun haben**, z.B. sie herstellen, verpacken, prüfen, importieren, mit ihnen handeln oder in Verkehr bringen (siehe *Kapitel 3.B*). Sie müssen sämtliche gesetzlichen Vorschriften einhalten (siehe *Kapitel 3.E*).

🔖 **Zulieferer** und **Dienstleister** der Pharmaindustrie: Sie müssen sämtliche Vereinbarungen einhalten, die sie mit dem Auftraggeber vertraglich festgelegt haben (**Quality Agreements**, **Verantwortungsabgrenzungsverträge**, siehe *Kapitel 4.C.2*).

🔖 **jeden einzelnen Mitarbeiter** in einem GMP-pflichtigen Betrieb (siehe *Kapitel 1.G*). Er muss alle internen Vorschriften, die seine Arbeit betreffen, auch in der täglichen Routine genau einhalten.

In der Medizin verwendet man den Begriff **Patienten-Compliance**: Nur wenn ein Patient das Arzneimittel genau so einnimmt, wie es in der Packungsbeilage steht oder wie der Arzt es verordnet hat, kann das Medikament die gewünschte Wirkung zeigen!

 Compliance heißt, dass der Ist-Zustand mit dem Soll-Zustand übereinstimmt!

3.G Von wem und mit welchen Konsequenzen wird auditiert?

Wer kennt das nicht? Geschwindigkeitsbegrenzungen und Parkverbote werden erst ernst genommen, wenn man weiß, dass regelmäßig kontrolliert wird.

Ähnlich ist das im GMP-Bereich: Die vielen Vorschriften könnten im täglichen Arbeitsalltag schnell einmal „vergessen" werden. Deswegen gibt es **Audits** bzw. **Inspektionen**. Sie sollen überprüfen und sicherstellen, dass die geltenden Regeln eingehalten werden, d.h. sie dienen der **Überwachung der Compliance**.

3.G.1 Überwachung durch Behörden

Pharmafirmen werden regelmäßig durch die im eigenen Land zuständigen Überwachungsbehörden inspiziert. Die Inspektoren überprüfen dabei, ob alle aktuellen GMP-Regeln eingehalten werden. Außerdem wird kontrolliert, ob eine Firma Verbesserungsmaßnahmen (siehe *Kapitel 4.C.10*) umgesetzt hat, falls bei vorherigen Inspektionen Mängel aufgetreten sind.

Wer Arzneimittel oder Wirkstoffe exportiert, kann zusätzlich von den Behörden des Ziellandes inspiziert werden. Insbesondere die Zulassungs- und Überwachungsbehörde der USA (FDA) achtet sehr auf die korrekte Umsetzung von Anweisungen, z.B. SOPs, Herstellanweisungen, Kontrollvorschriften.

Die behördlichen Inspektionen dienen dem Schutz der Bevölkerung. Wenn bei so einer Inspektion gravierende Verstöße festgestellt werden, kann die zuständige Behörde dem Betrieb die erforderliche Erlaubnis entziehen (siehe *Kapitel 3.A*). Ausländische Behörden, wie die FDA, könnten ein Importverbot verhängen.

3.G.2   Kundenaudits

Pharmazeutische Hersteller vergeben viele Tätigkeiten (**Outsourcing**, siehe *Kapitel 4.C.2*), die direkt oder indirekt die Qualität von Arzneimitteln beeinflussen könnten, an externe Firmen, wie z.B.

- an Lieferanten von Wirkstoffen, Hilfsstoffen, Packmaterialien oder Anlagen,
- an Dienstleister, z.B. Qualifizierung oder Wartung von Räumen und Geräten, Reinigung, Schädlingsbekämpfung, mikrobiologisches Monitoring, Archivierung, IT-Service,
- an Lohnhersteller und Auftragslabors, die Herstell- oder Verpackungsschritte oder Analytik im Auftrag ausführen und
- an Logistikunternehmen, die Lagerung und Transport von Einsatzstoffen und Produkten übernehmen.

Obwohl in jedem Falle genau vertraglich geregelt sein muss, wofür Auftraggeber und Auftragnehmer im Einzelnen verantwortlich sind (**Verantwortungsabgrenzungsvertrag**, **VAV**, siehe *Kapitel 9.C.2*), verbleibt die Gesamtverantwortung immer beim Auftraggeber. Er muss sich davon überzeugen, dass der Auftragnehmer die vereinbarten Arbeiten ausführen *kann* und das *auch tatsächlich tut*.

Audits bei Dienstleistern oder Lieferanten müssen nicht immer vom Kunden selbst durchgeführt werden. Es gibt auch die Möglichkeit, externe Auditoren zu beauftragen, sich mit anderen Interessenten zu einem gemeinsamen Audit zusammenzuschließen oder auf einen aktuellen Auditbericht einer anderen Firma zurückzugreifen.

3.G.3   Selbstinspektion (Interne Audits)

Interne Audits dienen dazu, Probleme und Fehler bereits zu erkennen, *bevor* ein Schaden eintritt (präventive Qualitätssicherungsmaßnahme). Die GMP-Regeln fordern daher, dass jede Firma in regelmäßigen Abständen und in allen Bereichen und Funktionen solche Selbstinspektionen durchführt. Diese Audits müssen schriftlich geplant und die Beobachtungen und Ergebnisse dokumentiert werden. Außerdem müssen **Korrekturmaßnahmen** (**CAPA**), (siehe *Kapitel 4.C.10*) und Fristen festgelegt werden, die dann bei Nachfolgeinspektionen überprüft werden.

Inspektionen und Audits prüfen die Einhaltung von GMP und helfen, Schwachstellen aufzudecken.

4 Qualität ohne Kompromisse

4.A Wie produziert man Qualität?

Qualität entsteht nicht durch Zufall. Sie darf nicht davon abhängig sein, ob ein Mitarbeiter gerade mal „seinen guten Tag" hat – oder auch nicht. Qualität lässt sich auch *nicht* „in ein Produkt hineinprüfen", indem man das fertige Produkt besonders streng kontrolliert. Es ist selten möglich, wirklich *jedes einzelne* Teil, z.B. jede Tablette oder Ampulle zu analysieren, weil bei vielen Prüfmethoden das Produkt zerstört wird!

Deswegen muss die **Qualität** sozusagen schon in das Arzneimittel **hinein-produziert** werden.

Das bedeutet: *Jeder Arbeitsschritt* bei der Herstellung, Verpackung und Prüfung ist bereits so gut durchdacht und so sorgfältig ausgeführt, dass am Ende gar nichts anderes dabei herauskommen *kann*, als qualitativ hochwertige Produkte!

4.A.1 Qualität von Anfang bis Ende

„Von nichts kommt nichts" – diese Erfahrung macht jeder im Alltag. Aus etwas Schlechtem kann nichts Gutes werden. Das gilt für Medikamente genauso: Auch Arzneimittelqualität entsteht nicht von selbst. Eine fast unüberschaubar lange Kette von Arbeitsschritten und Kontrollmaßnahmen muss dafür sorgen, dass vom Rohstoff bis zum Versand des Fertigproduktes alles unter Kontrolle ist. Hat man früher Qualität nur punktuell in isolierten Prüfungen kontrolliert, so wird heute der komplette Prozess auf Qualitätsrisiken durchleuchtet.

Bereits bei der Neuentwicklung eines Arzneimittels ist – neben der Sicherheit und Wirksamkeit – eine zentrale Fragestellung, wie das neue Produkt später zuverlässig in höchster Qualität hergestellt werden kann. Auch später während der Routineproduktion von Handelsware werden die erhaltenen Prozess- und Analysendaten laufend ausgewertet (**Trending, Product Quality Review**), um auf Qualitätsschwankungen reagieren zu können.

Diese den ganzen Lebenszyklus übergreifende Betrachtungsweise (**Life-Cycle-Konzept**) ist nicht nur für Arzneimittel üblich, sondern beispielsweise auch für Gebäude oder Produktionsanlagen. Auch hier steht von der Planung bis zu Außerbetriebnahme, Abriss oder Verschrottung die Frage im Mittelpunkt, ob die Ausrüstung geeignet ist, Arzneimittel in hoher Qualität zu liefern.

4.A.2   Qualität ist ein Teamspiel

An der modernen Arzneimittelfertigung sind viele verschiedene Personen beteiligt; meist sogar aus mehreren unterschiedlichen Unternehmen: Lieferanten von Wirk- und Hilfsstoffen, Packmaterial und Maschinen, Kalibrier- und Wartungsdienste, Raum- und Textilreinigung, Auftragslabors, IT-Service, Logistikdienstleister. Wenn man dabei etwas dem Zufall überlassen würde, gäbe es früher oder später Missverständnisse oder Versehen. Je mehr Beteiligte, desto mehr Fehlermöglichkeiten gibt es, und oft fallen bei komplexen Abläufen kleinere Fehler zunächst auch gar nicht auf. Es ist naheliegend und menschlich, dass man sich auf die sorgfältige Arbeit aller anderen Beteiligten verlässt. So kann es passieren, dass kleine Abweichungen (siehe *Kapitel 4.C.6*) lange nicht entdeckt werden, sondern erst, wenn sie zum großen Problem geworden sind.

Wo so viele Personen beteiligt sind, muss deswegen präzise festgelegt sein, welche Aufgaben und Verantwortungen dem Einzelnen zufallen – und selbstverständlich muss jeder seinen Part dann auch sorgfältig und gewissenhaft übernehmen:

🦶 In einem Fußballspiel kommt es auf jeden einzelnen Spieler an – es reicht nicht aus, sich alleine auf den Torwart, den Stürmer oder den Verteidiger zu verlassen. Auch Trainer oder Schiedsrichter spielen eine wichtige Rolle.

↳ In einem GMP-pflichtigen Betrieb kommt es auf die korrekte und aufmerksame Arbeit jedes einzelnen Mitarbeiters an, vom Lagerpersonal bis zum Labor und von der Aushilfe bis zum Vorgesetzten. Es reicht nicht aus, sich auf nachfolgende Kontrollen oder auf die Qualitätssicherung und die Sachkundige Person zu verlassen.

Qualität ist das Ergebnis vieler kleiner Schritte: Keine Tätigkeit ist unbedeutend und jeder leistet seinen Beitrag!

4.B   Was ist Qualitätsmanagement?

4.B.1   Warum muss man Qualität „managen"?

Arzneimittelqualität darf kein Zufallsprodukt, sondern muss das **Ergebnis sorgfältig geplanter Handlungen** sein. Die Abfolge „planen-handeln-auswerten-verbessern" bezeichnet man auch als „Management".

Daraus leiten sich die **vier wichtigsten GMP-Grundsätze** ab:

1. *Jeder* Ablauf und *jede* Arbeit ist detailliert in Vorgabedokumenten (z.B. Arbeitsanweisungen, SOPs, Checklisten) beschrieben.
2. Jeder Mitarbeiter (einschließlich Vorgesetzter) *führt die Arbeit genau so aus*, wie festgelegt und meldet umgehend, wenn er eine Abweichung beobachtet.
3. Der ausführende Mitarbeiter *protokolliert vollständig* und direkt bei der Arbeit, damit man später nachvollziehen kann, wer, was, wann getan oder beobachtet hat.
4. In regelmäßigen Abständen werden die Arbeitsergebnisse im Überblick verglichen und bewertet, ob es Trends oder gehäufte Probleme gibt (**Review, Trending**). Sollte das der Fall sein, dann müssen die Arbeitsabläufe und -vorschriften verbessert werden, *bevor* ein Qualitätsfehler auftritt (**kontinuierlicher Verbesserungsprozess, KVP**).

4.B.2   QK/QS– QM/QMS: Was ist der Unterschied?

Die Begriffe Qualitätskontrolle (QK), Qualitätssicherung (QS), Qualitätsmanagement (QM) und Qualitätsmanagementsystem (QMS) werden im täglichen Sprachgebrauch oft nicht genau unterschieden. Leider gibt es auch keine genauen Abgrenzungen oder eindeutige Definitionen in den Gesetzen. Dazu kommt, dass die üblichen englischen Begriffe nicht exakt dasselbe bedeuten, wie ihre deutschen Übersetzungen. Daher ist es ratsam, diese Ausdrücke innerhalb einer Firma zu definieren und einheitlich zu verwenden. Und wer mit Vertragspartnern zu tun hat, sollte im Zweifelsfalle lieber nochmals nachfragen, was genau gemeint ist, bevor es zu Missverständnissen kommt!

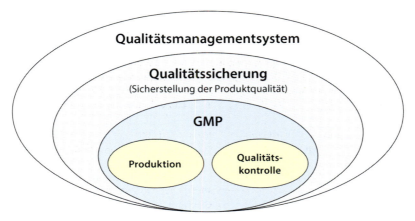

Abbildung 4.B.-1 *GMP-QM-QS-QK*

4.B.2.2   Qualitätskontrolle

Unter **Qualitätskontrolle** versteht man meistens die Fachabteilung, die Qualitätsprüfungen an Rohstoffen und Produkten durchführt. Sie wird auch als **Analytik, Qualitätsprüfung** oder **Kontrolllabor** bezeichnet (siehe *Kapitel 9*). Die englische Übersetzung **Quality Control** (**QC**) ist üblich und naheliegend. Dennoch verstehen Amerikaner und Engländer unter „Quality Control" meistens mehr als nur die Analytik („to control" bedeutet neben „kontrollieren" auch „steuern, lenken, beherrschen"). Deswegen werden in den „Quality Control"-Abteilungen amerikanischer Firmen oft auch Tätigkeiten ausgeführt, für die bei uns Qualitätssicherung oder Qualitätsmanagement zuständig sind, wie beispielsweise die Genehmigung von Spezifikationen (siehe *Kapitel 6.B.2*) oder die Freigabe von Einsatzstoffen oder Produkten (siehe *Kapitel 9.F.3*).

4.B.2.3   Qualitätssicherung

Unter **Qualitätssicherung** (**Quality Assurance, QA**) versteht man alle Maßnahmen, die durchgeführt werden, um die *Qualität eines Produktes oder einer Dienstleistung* sicherzustellen. Dazu gehört viel mehr als nur die reine Qualitätsprüfung des Produktes, nämlich beispielsweise die Genehmigung von Verfahrensanweisungen und Spezifikationen für dieses Produkt, Abweichungsmanagement, Lieferantenqualifizierung, Prozessvalidierung, Batch Record Review (siehe *Kapitel 6.C*), u.a. *welche* QS-Maßnahmen für das konkrete Produkt oder die Dienstleistung anzuwenden sind, ist im übergeordneten QS- oder QM-System beschrieben.

4.B.2.4 Qualitätsmanagement

Alle organisierten Maßnahmen, die nicht nur die Qualität eines einzelnen Produktes betreffen, sondern produktübergreifend zur Verbesserung von Prozessen oder Leistungen dienen, bezeichnet man als **Qualitätsmanagement**. Dazu gehören beispielsweise Qualitätsplanung, kontinuierlicher Verbesserungsprozess (KVP), Dokumentation und Selbstinspektionen, ebenso wie Aktivitäten der Geschäftsführung (z.B. Festlegung von Qualitätsleitlinien und Management Review).

In den gesetzlichen Regelwerken werden die Begriffe QM und QS/QA häufig gleichbedeutend verwendet. In neuerer Zeit findet man meist QM anstelle von QS/QA.

Auch bei den Fachabteilungen, die für Qualitätssicherung bzw. -management zuständig sind, findet man keine strenge Unterscheidung zwischen QS/QA oder QM. Im amerikanischen Sprachgebrauch gibt es sogar noch eine weitere Bezeichnung für dieselbe Funktion, die **Quality Unit** (**QU**, Qualitätseinheit).

4.B.2.5 Qualitätsmanagementsystem

Alles, was in einer Firma zur Qualitätssicherung von Produkten oder Dienstleistungen und zum produktübergreifenden Qualitätsmanagement getan wird, muss schriftlich in einem **Qualitätsmanagementsystem** festgelegt sein. Gleichbedeutend wird auch der Begriff **Qualitätssicherungssystem** oder **Pharmazeutisches Qualitätssystem** (**PQS**) verwendet.

Egal ob QA, QM oder QK – entscheidend ist, dass am Ende die Qualität stimmt!

4.B.3 Wozu braucht man ein Qualitätsmanagementsystem?

Wenn ein Pilot erst beim letzten Check vor dem Abflug merkt, dass etwas nicht stimmt, dann kann er damit zwar Schlimmeres verhindern, aber der Abflug wird sich in jedem Falle verzögern. Bis die Mechaniker an Bord sind und den Fehler gefunden haben, ist das Zeitfenster für den Start verpasst. Möglicherweise müssen Passagiere und Gepäck auf eine andere Maschine umgeladen werden, weil die Reparatur länger dauert. Fluggäste verpassen Anschlussflüge und durch den Zusatzaufwand (Umbuchungen, Hotelübernachtungen, u.ä.) entstehen für die Fluggesellschaft hohe Kosten. Um derartige Zusatzkosten zu vermeiden und trotzdem die Sicherheit der Passagiere zu gewährleisten, muss jeder Beteiligte seine tägliche Arbeit korrekt ausführen und auch schon kleine Probleme müssen rechtzeitig gemeldet und behoben werden, um frühzeitig reagieren zu können.

Je später ein Problem behoben wird, desto größer ist der Aufwand und Zeitverlust!

Im Pharmabereich ist es ganz ähnlich. Wenn man erst bei der Qualitätskontrolle feststellt, dass ein Produkt fehlerhaft hergestellt wurde, ist es schon zu spät. Zwar kann man noch verhindern, dass Patienten zu Schaden kommen – aber für die Firma ist bereits ein finanzieller Schaden entstanden. Sofern es sich um ein Arzneimittel handelt, muss das fehlerhafte Produkt in der Regel **vernichtet** werden (Wirk- und Hilfsstoffe können dagegen unter bestimmten Voraussetzungen aufgearbeitet werden). Besser ist es, von vornherein alle Abläufe und Arbeitsprozesse so zu planen und zu überwachen, dass das Produkt mit hoher Sicherheit die notwendigen Anforderungen (**Spezifikationen**) erfüllt.

 Lieber alles auf Anhieb richtig, als nachbessern! Do it right first time.

Ziel eines **Qualitätsmanagementsystems** ist es, *alle* Prozesse, die die Qualität eines Produkts beeinflussen könnten, so zu lenken, dass nichts dem Zufall überlassen ist: vom Einkauf der Rohstoffe bis zum Versand der Fertigprodukte. Dabei ist die Qualitätskontrolle (siehe *Kapitel 9*) zwar ein wichtiger Teil des Qualitätssystems, aber nicht der einzige: weitere wichtige Elemente sind z.B. die Qualifizierung von Gebäuden, Anlagen, Personal und Lieferanten, das Auditing oder der Umgang mit Abweichungen, Fehlern oder Änderungen. Mehr dazu unter *Kapitel 4.C*.

Die GMP-Regeln fordern, dass Hersteller von Arzneimitteln und Wirkstoffen ein **funktionierendes** Qualitätsmanagementsystem einrichten und unterhalten. Die GMP-Regeln selbst sind nämlich *kein* Qualitätsmanagementsystem, sondern mehr oder weniger konkrete Anforderungen an die Herstellung und Kontrolle von Arzneimitteln, die weit über die Forderungen üblicher Qualitätssicherungssysteme hinausgehen.

4.B.4   Wie sieht ein QM-System aus?

Wer Arzneimittel herstellt oder mit ihnen handelt, muss schriftlich, z.B. in Form eines **Qualitätsmanagementhandbuches** (**Quality Manual**), festlegen, wie in seinem Betrieb sichergestellt ist, dass nur Arzneimittel mit der erforderlichen Qualität den Patienten erreichen. Es soll sämtliche Arbeitsabläufe, Zuständigkeiten und Verantwortlichkeiten enthalten, die mit den Arzneimitteln direkt oder indirekt zu tun haben.

Das Quality Manual ist also eine Sammlung von Dokumenten, welche das QM-System beschreiben. Dazu gehören:

- **Site Master File (SMF):** In dieser „Firmenbeschreibung" steht genau, welche Gebäude und Anlagen zu einer Firma gehören, wie viele Mitarbeiter in welchen Funktionen beschäftigt sind, wer die verantwortlichen Personen sind, welche Arzneiformen oder anderen Produkte hergestellt werden, welche Tätigkeiten an Auftragnehmer vergeben sind, sowie viele weitere wichtige Informationen.

- **Qualitätspolicy** (auch: **Qualitätspolitik**): Dieses Dokument wird vom obersten Management verfasst und beinhaltet eine Zusage des Managements, dass in der Firma die notwendigen Mittel bereitgestellt werden, um Arzneimittel (bzw. deren Ausgangsstoffe) mit hoher Qualität herzustellen, sie zu lagern und zu versenden.

- **SOPs, Verfahrensanweisungen:** Standard-Arbeitsanweisungen (siehe *Kapitel 6.B.1*) beschreiben detailliert, wie bestimmte Arbeitsgänge ausgeführt werden müssen und wer wofür verantwortlich ist. Ein Quality-Manual kann entweder *alle* SOPs enthalten oder nur einige übergeordnete SOPs (**Policies**) mit Querverweisen auf die untergeordneten SOPs.

- **Inventar aller QMS-Dokumente:** Zusätzlich zu den SOPs gibt es noch weitere Dokumente, die für die Gewährleistung der Produktqualität und Patientensicherheit erforderlich sind, wie beispielsweise Masterpläne, Pläne und Berichte von Qualifizierung, Validierung, Audits oder Schulungsmaßnahmen, sowie Untersuchungsberichte und Maßnahmenpläne nach Abweichungen, Reklamationen oder Produktfehlern. Das Quality Manual muss eine Referenzliste all dieser Dokumente enthalten.

 Ein Pharmazeutisches Qualitätsmanagementsystem beschreibt alle Prozesse, Abläufe und Verantwortlichkeiten, die mit Beschaffung, Prüfung, Herstellung, Verpackung, Lagerung und Marktfreigabe von Arzneimitteln zu tun haben.

4.C Welche typischen Situationen muss ein Qualitätsmanagementsystem regeln?

Ein Qualitätsmanagementsystem soll alle „Lebenslagen" abdecken, die im Firmenalltag auftreten – angefangen von den täglichen Routine-Prozessen bis hin zu Regelungen für Sonderfälle. Wie umfangreich so ein QMS ist, hängt daher vor allem davon ab, wie viele unterschiedliche Produkte und Tätigkeiten eine Firma zu bewältigen hat.

Folgende Themen gehören typischerweise in ein Pharmazeutisches Qualitätsmanagementhandbuch – und zwar mit präzisen Arbeitsabläufen und Verantwortlichkeiten in Form von SOPs, Policies, Masterplänen oder anderen Verfahrensanweisungen:

- Qualifizierung von Mitarbeitern (siehe *Kapitel 5.A*)
- Dokumentenlenkung: Erstellung und Genehmigung von Spezifikationen, Arbeitsanweisungen und Chargendokumentation (siehe *Kapitel 6*)
- Qualifizierung von Gebäuden, Anlagen, Maschinen (siehe *Kapitel 7.A* und *Kapitel 7.D*), Personal (siehe *Kapitel 5.A*) und Lieferanten/Dienstleistern (siehe *Kapitel 4.C.2*)
- Zonenkonzept und Hygieneplan (siehe *Kapitel 7.A.3*)
- Prozessvalidierung (siehe *Kapitel 8.F*)
- Lagerhaltung und Vertrieb (siehe *Kapitel 10*)
- Qualitätskontrolle und Marktfreigabe (siehe *Kapitel 9*)
- Selbstinspektion und Auditing (siehe *Kapitel 3.G.3*)
- Bestimmte Grundpfeiler der Qualität, die nachfolgend unter *Kapitel 4.C.1 – Kapitel 4.C.10* erläutert werden

4.C.1 Managementverantwortung

GMP ist ein Thema, das *nicht allein* die Mitarbeiter in Produktion, Labor und Qualitätssicherung berührt. Das oberste Management (die **Geschäftsführung**) ist verantwortlich dafür, dass ein funktionierendes Qualitätsmanagementsystem eingerichtet und unterhalten wird, und genügend Personal, Material und Mittel zur Verfügung stehen, um mögliche Gefahren für die Arzneimittelqualität zu beseitigen (**Management-Verantwortung**). Daher ist es verpflichtet, sich regelmäßig über den Stand der produzierten Qualität (**Produktqualitäts-Überprüfungen**, **PQR**, siehe *Kapitel 4.C.4*) und mögliche Qualitätsprobleme zu informieren und notwendige Maßnahmen einzuleiten (**Management Review**).

4.C.2 Outsourcing (Auftragsvergabe)

Der Kostendruck im Gesundheitswesen treibt Unternehmen dazu, Einsatzstoffe (Wirkstoffe, Hilfsstoffe, Packmaterial) beim günstigsten Lieferanten zu beziehen und Arbeitsschritte zu Auftragnehmern zu verlagern – oft sogar in Niedriglohnländer. Dort werden die Arbeiten dann gerne – ohne Wissen des Auftraggebers – an Subunternehmer weiter vergeben.

Aus den Augen – aus dem Sinn: Wo mehrere Unternehmen beteiligt sind, passiert es allzu leicht, dass man sich „blind" aufeinander verlässt und dabei vergisst, sich über wichtige qualitätsrelevante Bedingungen zu verständigen. In den vergangenen Jahren kam es immer wieder zu ernsten Zwischenfällen, weil durch ungenügende Kommunikation zwischen Vertragspartnern wichtige Informationen verloren gingen.

Um diese Gefahren für den Patienten zu reduzieren, legt der Gesetzgeber fest: Die **Gesamtverantwortung** für GMP-Aufgaben, die an externe Vertragspartner vergeben werden, verbleibt beim **Pharmazeutischen Unternehmer** (sein Name ist auf der Arzneimittelpackung aufgedruckt, siehe *Kapitel 3.B*). Das gilt nicht nur für Produktions- oder Verpackungsschritte und Qualitätsprüfungen, sondern betrifft jede ausgelagerte Arbeit.

Outsourcing ist der zusammenfassende Begriff für alle Tätigkeiten, an denen **Auftragnehmer** beteiligt sind, wie beispielsweise:

- **Lieferanten** von Wirkstoffen, Hilfsstoffen und Packmaterial
- **Dienstleister** für Reinigung (auch Reinraumkleidung), Wartung und Reparatur, Kalibrierung, Qualifizierung, die Installation von Anlagen, IT-Service, Schulung und Beratung
- **Lohnhersteller**, die im Auftrag einzelne Herstell-, Verpackungs- oder Sterilisationsschritte beziehungsweise die komplette Herstellung eines Arzneimittels übernehmen. Lohnhersteller müssen selbst eine Herstellungserlaubnis (siehe *Kapitel 3.A*) besitzen und werden von der Behörde überwacht, auch wenn sie selbst keine eigenen Arzneimittel auf den Markt bringen
- **Auftragslabors**, die im Kundenauftrag chemische, physikalische oder mikrobiologische Prüfungen durchführen, z.B. Reinraummonitoring (siehe *Kapitel 9.C.2*)
- **Logistikdienstleister**, die für pharmazeutische Unternehmen Lagerung und Transport von Arzneimitteln oder Ausgangsstoffen übernehmen (siehe *Kapitel 10*)

Bevor eine Aufgabe an einen Auftragnehmer vergeben wird, muss sich der Auftraggeber vergewissern, dass der Vertragspartner die vorgesehene Aufgabe überhaupt ausführen kann, d.h. dass er die erforderliche Fachkenntnis und Erfahrung hat und die ihn betreffenden gesetzlichen Vorschriften kennt und einhält (**Auftragnehmer-Qualifizierung**). Je nachdem, wie wichtig die ausgelagerte Tätigkeit für die Produktqualität ist, kann diese Überprüfung auf Eignung unterschiedlich intensiv sein, z.B. durch Auswertung von Selbstauskünften,

Auditberichten und Fehlerstatistiken bis hin zu Vergleichsanalysen, eigenen **Audits** oder Auftrags-Audits (siehe *Kapitel 3.G.2*).

Gerade bei komplexeren Analysen oder Herstellungsschritten besteht die Gefahr, dass solche Arbeiten an anderen Standorten oder bei Auftragnehmern nicht *genau so* ausgeführt werden, wie *vor* der Verlagerung. Deswegen verlangt das Gesetz dass die Übergabe der Arbeitsmethoden und aller dazu erforderlichen Informationen in allen Einzelheiten schriftlich geplant und von beiden Seiten bestätigt wird (**Technologietransfer**).

Zusätzlich müssen die Verantwortlichkeiten zwischen Auftragnehmern und Auftraggebern vertraglich präzise und detailliert geregelt sein (**Verantwortungsabgrenzungsvertrag**). Bei **Lohnherstellung** muss beispielsweise schriftlich festgelegt sein, ob die Sachkundige Person des Lohnherstellers die Marktfreigabe vornimmt, oder ob diese Aufgabe beim Auftraggeber verbleibt.

Es gehört zu den Pflichten des **Auftragnehmers**, dass er die Arbeiten genauso ausführt, wie in den Verträgen und Spezifikationen vereinbart. Falls er **Änderungen** plant, muss er sie zuvor vom Auftraggeber genehmigen lassen (**Change Control**, Lenkung von Änderungen, siehe *Kapitel 4.C.5*).

Der Auftraggeber trägt die oberste Verantwortung, auch für Arbeiten, die er an andere vergibt.

4.C.3   Qualitätsrisikomanagement

Arzneimittel sind sehr unterschiedlich: Die Spanne reicht vom Heilkräutertee bis zu Impfstoffen und Blutprodukten (mehr dazu unter *Kapitel 2*). Ob ein Medikament eine mögliche Gefahr für Patienten bedeuten *könnte*, hängt von vielerlei Faktoren ab:

🔸 Wird das Arzneimittel geschluckt, injiziert, ins Auge oder auf die Haut gegeben?

© Maas & Peither AG – GMP-Verlag

↳ Löst der Wirkstoff bei geringfügiger Überdosierung bereits erhebliche Nebenwirkungen aus (**geringe Therapeutische Breite**)?

↳ Ist der Herstellungsprozess kurz und einfach oder lang, komplex und nur mit sehr speziellen Maschinen durchführbar?

Von den Antworten auf diese Fragen hängt es ab, ob bei einem bestimmten Medikament schon kleinste Qualitätsschwankungen katastrophale Auswirkungen haben – oder aber für den Patienten völlig bedeutungslos sind.

Deswegen wäre es nicht sehr sinnvoll, für *alle* Arzneimittel *exakt dieselben* Kontrollmaßnahmen zu fordern. Statt dessen verlangt der Gesetzgeber, dass jedes Unternehmen selbst herausfindet, *welche* und *wie viele* Qualitätssicherungsmaßnahmen für die bearbeiteten Produkte und die vorhandenen Mitarbeiter, Anlagen und Räume erforderlich sind.

So eine **systematische Untersuchung**, Bewertung, Lenkung, Kommunikation und Überprüfung des Qualitätsrisikos nennt man **Qualitätsrisikomanagement**.

Es gibt sehr verschiedene Möglichkeiten und Methoden, Qualitätsrisikomanagement in der Praxis einzusetzen. Hier einige Beispiele:

↳ Bei der Planung von Qualifizierung und Validierung, um prospektiv zu ermitteln und zu begründen, welche Anlagenteile bzw. Prozessparameter als *kritisch* zu betrachten sind (siehe *Kapitel 7.D* und *Kapitel 8.F*)

↳ Bei der Erstellung von Trainingsplänen, um die Häufigkeit und Lerninhalte für bestimmte Schulungsgruppen festzulegen (siehe *Kapitel 5.B*)

↳ Bei der Erstellung von Hygieneplänen, um Methode und Frequenz von Reinigung und Desinfektion festzulegen (siehe *Kapitel 7.A.3*)

↳ Im Rahmen von Change Control, um die geplanten Änderungen in Risikoklassen einzuteilen und die notwendigen Folgemaßnahmen festzulegen (siehe *Kapitel 4.C.5*)

↳ Bei der Bearbeitung von Abweichungen, OOS-Situationen, Beanstandungen und Retouren, um retrospektiv mögliche Gefahren für die hergestellten Produkte zu erkennen und prospektiv geeignete Korrekturmaßnahmen festzulegen (siehe *Kapitel 4.C.6* ff.)

Im Arbeitsalltag begegnet man zwei Elementen des Risikomanagements besonders häufig:

1. der **Risikobewertung** (**Risikobetrachtung**, **Risikoanalyse**, **Risk Assessment**): Hier überlegt und protokolliert ein Team aus Fachexperten:
   - Wie wahrscheinlich ist es, dass ein Ereignis auftritt?
   - Wie schlimm wäre es, falls das Ereignis eintritt (Tragweite)?
   - Gibt es Möglichkeiten, das Ereignis durch QM-Maßnahmen rechtzeitig zu entdecken, bevor ein Schaden eintritt?

2. der **Risikoüberprüfung** (**Risk Reevaluation**): Sobald neue Erfahrungen gesammelt werden oder Änderungen notwendig sind, kann sich die Einschätzung eines bestimmten Qualitätsrisikos ändern. Deswegen ist es notwendig,

dass im Rahmen von **Change Control** (siehe *Kapitel 4.C.5*) oder auch regelmäßig (z.B. bei der **Revalidierung**, siehe *Kapitel 8.F.2*) ursprüngliche Risikobewertungen hinterfragt und neu bewertet werden.

4.C.4   Trending, Reviews, PQR

Wettervorhersagen beruhen auf einer ständigen Auswertung von Messdaten wie Temperatur, Luftdruck, Windrichtung und -geschwindigkeit. Daraus lässt sich erstaunlich genau berechnen, welche Wetterlage zu erwarten ist – und jeder kann sich darauf einrichten!

Reviews und **Trending** beruhen auf demselben Prinzip: Viele Qualitätsprobleme kommen nämlich nicht aus heiterem Himmel, sondern kündigen sich – wie ein Gewitter – schon vorher an. Eine genaue Beobachtung der Datenlage erlaubt es, Probleme zu erkennen und rechtzeitig Maßnahmen zu ergreifen, um Schäden zu vermeiden.

Um Qualität wirklich „managen", also gezielt planen zu können, ist es daher sehr wichtig, ständig die aktuellen Daten bei Herstellung, Verpackung, Wartung, Lagerhaltung oder Prüfung aufzuzeichnen (auf Papier oder elektronisch). Diese Daten müssen fortlaufend ausgewertet werden, um Schwachstellen zu entdecken, Fehlern vorzubeugen, Prozesse zu verbessern (**kontinuierlicher Verbesserungsprozess**) und die Produktionsprozesse unter Kontrolle zu halten.

Solche Trendanalysen sind beispielsweise vorgeschrieben für:

- Umgebungskontrollen
- Ausbeuten
- Ergebnisse analytischer Prüfungen
- Stabilitätsdaten
- Beanstandungen

Im Zusammenhang mit der **Prozessvalidierung** (siehe *Kapitel 8.F*) können **Überprüfungen** (**Reviews**) sämtlicher relevanter Prozess-, Produkt- und Qualitätsdaten als Beweis verwendet werden, dass der Prozess weiterhin kontrolliert abläuft. Damit kann die klassische **Revalidierung** bei Standardprozessen mit konventioneller Ausrüstung ersetzt werden.

Ein **Product Quality Review** (**PQR, Produktqualitätsüberprüfung**) ist für alle zugelassenen Arzneimittel und für Wirkstoffe vorgeschrieben. Dazu werden fortlaufend oder mindestens jährlich sämtliche Produktions- und Qualitätskontrolldaten des Produktes, einschließlich Abweichungen, Änderungen, CAPA-Maßnahmen, Inspektionsergebnissen, Qualifizierungsstatus der Anlagen, Räume und Lieferanten usw. ausgewertet. Der PQR dient als Beweis, dass das Produkt tatsächlich unter kontrollierten Bedingungen gefertigt wurde und dass beispielsweise **Änderungen** nicht zu einer Qualitätsverschlechterung geführt haben. Gleichzeitig können die Erkenntnisse aus der Datenauswertung für Verbesserungen (**kontinuierlicher Verbesserungsprozess**) genutzt werden.

4.C.5   Lenkung von Änderungen (Change Control)

Änderungen (**Changes**) sind im Allgemeinen geplant, um beispielsweise einfacher, kostengünstiger oder ökologischer arbeiten zu können. Nur wenige Änderungen (z.B. im Rahmen einer Reparatur) sind ungeplant. *Jede* Änderung, beispielsweise an Räumen, Anlagen, Computersystemen, Verfahren oder Vorschriften muss *vor ihrer Durchführung* im Hinblick auf die Folgen für die Produktqualität (**Qualitätsrisikomanagement**, siehe *Kapitel 4.C.3*) beurteilt werden (**Change Control**).

Dazu ist es erforderlich, dass *jegliche* Änderung – egal ob geplant oder ungeplant – gemeldet wird: Dazu gehören *auch* **Verbesserungen**, Optimierungen oder Ersatz durch technisch verbesserte Bauteile.

Jeder einzelne Mitarbeiter ist dafür verantwortlich, dass er nur dann Änderungen an vorgegebenen Verfahren oder Anlagen vornimmt, wenn er vorher eine Genehmigung eingeholt hat!

Wie eine Änderungsmeldung abläuft und wer für die Überprüfung und Genehmigung zuständig ist, hat jede Firma genau in einer Verfahrensanweisung (SOP) festgelegt.

Folgende Punkte müssen im Verlaufe des Change-Control-Verfahrens geklärt werden, bevor eine Änderung genehmigt und umgesetzt werden darf:

- Ist eine Risikoüberprüfung (siehe *Kapitel 4.C.3*) erforderlich?
- Ist eine Requalifizierung, Revalidierung oder Neukalibrierung (siehe *Kapitel 7.B.2* ff.) erforderlich?
- Muss ein Vertragspartner informiert oder um Zustimmung gefragt werden (siehe *Kapitel 4.C.2*)?
- Ist eine **Änderungsanzeige bei den Zulassungsbehörden** erforderlich (siehe *Kapitel 3.B*)?
- Müssen Dokumente geändert werden, z.B. SMF (siehe *Kapitel 4.B.4*), Anlagenpläne, Verfahrensanweisungen, SOPs?
- Müssen Mitarbeiter geschult werden, oder sind andere Maßnahmen erforderlich?

Alle Tätigkeiten und Entscheidungen im Zusammenhang mit der Änderung müssen protokolliert und genehmigt werden.

Damit es später nicht zu **unbemerkter Qualitätsverschlechterung** kommt, soll nach der Umsetzung der Änderung und aller damit zusammenhängender Maßnahmen nochmals eine gezielte Auswertung erfolgen. Das kann beispielsweise im Rahmen einer jährlichen Produktqualitätsüberprüfung (**PQR**, siehe *Kapitel 4.C.4*) erfolgen.

4.C.6 Abweichungen

Trotz sorgfältiger Planung, gut ausgebildeter Mitarbeiter und konzentrierter Arbeit kann in jedem Betrieb und auf jeder Hierarchiestufe gelegentlich Unvorhergesehenes auftreten. Das ist völlig normal und unvermeidbar, solange es nicht *allzu häufig* passiert, oder *dieselben Probleme immer wieder* auftauchen, weil die Ursachen nicht behoben werden. Werden solche **Abweichungen** jedoch *nicht* entdeckt oder nicht gemeldet, kann das zu **Qualitätsfehlern** führen – und diese wiederum könnten Patienten in Gefahr bringen oder aber **Kosten für Lieferausfall** und **Vernichtung** (siehe *Kapitel 10.C.6*) verursachen.

Deswegen ist es entscheidend, Abweichungen, Unregelmäßigkeiten und eventuelle Fehler auf jeder Stufe zu erkennen und zu melden, um potentielle Ursachen zu beseitigen, bevor sie zu einem ernsten Problem werden.

So verhält man sich korrekt bei Abweichungen:

- Wer eine Abweichung bemerkt, muss sie dokumentieren und melden; unabhängig davon, ob er sie verursacht hat, oder nicht.
- *Jede* Abweichung ist zu melden – niemand darf selbst entscheiden, ob etwas „wohl nicht so schlimm" ist.
- In einer SOP ist festgelegt, wer anschließend die Abweichung bewertet, Ursachen untersucht (**Fehlerursachenanalyse**) und Folge-/Korrekturmaßnahmen festlegt (**CAPA**).
- Eine dokumentierte und untersuchte Abweichung ist kein *Fehler*!

 Wer Abweichungen protokolliert und umgehend meldet, hat seine Pflicht getan!

4.C.7 OOS und Produktfehler

© Maas & Peither AG – GMP-Verlag

Welche Eigenschaften ein Rohstoff oder Arzneimittel haben muss, damit er bzw. es verwendet werden darf, ist genau in **Spezifikationen** (siehe *Kapitel 6.B.2*) vorgegeben. Mit Hilfe analytischer Methoden überprüft man vor der Verwendung bzw. vor der Marktfreigabe (siehe *Kapitel 9.F.3*), ob ein bestimmtes Produkt alle diese Anforderungen erfüllt.

Wenn nun ein analytisches Testergebnis außerhalb des vorgegebenen Bereiches (**OOS, Out of Specification**) liegt, dann darf man nicht einfach die Analysen so oft wiederholen, bis man zufällig Ergebnisse erhält, die mit der Spezifikation übereinstimmen. Andererseits bedeutet ein OOS-Resultat noch nicht in jedem Falle einen Produktfehler. Schließlich könnte ja auch ein Fehler beim Musterzug (siehe *Kapitel 9.D.1*), bei der Lagerung der Probe oder bei der Analysendurchführung passiert sein. Deswegen muss ein Unternehmen in einer SOP festlegen, wie und von wem die Ursachen für solche OOS-Situationen untersucht werden und in welchen Fällen Wiederholungsprüfungen erlaubt sind (siehe *Kapitel 9.F.2*). Sofern tatsächlich ein Qualitätsmangel (**Produktfehler**) vorliegt, ist eine systematische **Fehlerursachenanalyse** (siehe *Kapitel 4.C.10*) erforderlich.

4.C.8   Beanstandungen (Complaints)

Ob telefonisch, per Mail oder Brief, von intern oder extern – keine einzige Reklamation darf „übersehen" oder etwa an der Telefonzentrale abgewiesen werden. Schließlich könnte so eine Beanstandung ja ein Hinweis auf einen ernsten Qualitätsmangel oder ein Wirksamkeitsproblem sein!

Deswegen sind Pharmafirmen und Wirkstoffhersteller verpflichtet, *jede* Beanstandung unverzüglich nach genau festgelegtem Ablauf (SOP) zu bearbeiten. Pharmaunternehmen müssen dazu einen Verantwortlichen benennen, der für sämtliche Beanstandungen zuständig ist und auch die **Sachkundige Person** (QP, siehe *Kapitel 5.D.3*) informiert. Da Beanstandungen bei Arzneimitteln auch mit deren **Sicherheit** oder **Wirksamkeit** zusammenhängen könnten, ist in Deutschland immer der **Stufenplanbeauftragte** zu benachrichtigen (siehe **Pharmakovigilanz**, *Kapitel 3.C*) (in Österreich: Pharmakovigilanzverantwortlicher).

Bei der Untersuchung einer Beanstandung geht es zunächst darum, die Ursache des Problems zu ermitteln (**Fehlerursachenanalyse**, siehe *Kapitel 4.C.10*). Bei einem **Qualitätsmangel** ist außerdem wichtig zu untersuchen, ob weitere Produkte betroffen sind. Mit Hilfe von **Qualitätsrisikobetrachtungen** (siehe *Kapitel 4.C.3*) wird entschieden, was mit dem fehlerhaften Produkt geschehen soll und mit welchen Korrekturmaßnahmen (**CAPA**, siehe *Kapitel 4.C.10*) man das Wiederauftreten des Problems verhindern will.

Da zunehmend **Arzneimittelfälschungen** auf dem Markt auftauchen, muss zusätzlich bei jeder Beanstandung geprüft werden, ob das beanstandete Material möglicherweise eine **Fälschung** (siehe *Kapitel 10.B.3*) ist.

Damit nichts vergessen wird, werden sämtliche Reklamationen und alle im Laufe der Untersuchungen erhaltenen Ergebnisse schriftlich festgehalten, auch die eingeleiteten Maßnahmen und die Antwort an den Beanstander. Um rechtzeitig Tendenzen erkennen zu können, müssen sämtliche Beanstandungen in gewissen Zeitabständen ausgewertet und im Rahmen der jährlichen Produktqualitätsüberprüfung (**Product Quality Review**, **PQR**, siehe *Kapitel 4.C.4*) beurteilt werden.

4.C.9   Produktrückruf

Falls ein gravierender Qualitätsmangel an einem Arzneimittel festgestellt wird, welches bereits im Großhandel, in Kliniken und in Apotheken im Umlauf ist, kann es erforderlich sein, dass das pharmazeutische Unternehmen nach Rücksprache mit der zuständigen Behörde das Arzneimittel zurückrufen muss. Da in so einer Situation höchste Eile geboten ist, muss es auch für diesen seltenen Fall eine SOP geben, damit der Schaden möglichst begrenzt und kein Patient gefährdet wird. Es muss genau festlegt sein, wer für die Koordination des Rückrufes, die sorgfältige Untersuchung der Ursachen, die Vernichtung des zurückgerufenen Materials und die detaillierte Dokumentation des gesamten Vorganges verantwortlich ist.

4.C.10   Fehlerursachenanalyse und CAPA

Es ist wichtig, eventuelle Fehler bei jedem Arbeitsschritt zu erkennen und zu melden, damit sie nicht erst bei der Qualitätsprüfung oder beim Kunden entdeckt werden. Wenn ein Mitarbeiter einen möglichen oder tatsächlichen **Qualitätsfehler**, eine **Abweichung** (siehe *Kapitel 4.C.6*) oder einen ungewöhnlichen **Trend** erkennt, muss er ihn umgehend melden, unabhängig davon, ob er ihn verursacht hat, oder nicht.

Eine SOP regelt, wer innerhalb der Firma dafür verantwortlich ist, das Ereignis zu bewerten. Mit Hilfe von **Qualitätsrisikobewertungen** (siehe *Kapitel 4.C.3*) klärt man zuerst folgende Punkte:

- Ist die Produktqualität gefährdet?
- Müssen Sofortmaßnahmen ergriffen werden?
- Was passiert mit dem betroffenen Produkt?
- Müssen Behörden oder Kunden informiert werden?

Als nächster Schritt muss der Ursache auf den Grund gegangen werden (**Fehlerursachenanalyse**, **Failure Investigation**). Nur wenn man die Fehlerquelle kennt, kann man sinnvolle und effiziente Maßnahmen ergreifen, um nicht nur den aufgetretenen Fehler *zu reparieren*, sondern sein Wiederauftreten zu vermeiden (**Corrective Action and Preventive Action**, **CAPA**). Alle Untersuchungen, Ergebnisse und festgelegte Folgemaßnahmen werden im Fehleruntersuchungsbericht (**Failure Investigation Report**, **FIR**) dokumentiert.

Der Gesetzgeber erwartet, dass eine Firma regelmäßig überprüft, ob die festgelegten Korrektur- und Präventivmaßnahmen tatsächlich umgesetzt und wirksam sind.

Der Umgang mit Abweichungen, Fehlern und Trends, sowie die Ernsthaftigkeit ihrer Untersuchungen und die ergriffenen Maßnahmen sind ein Schwerpunkt bei behördlichen Inspektionen!

 Ohne Abweichungen gäbe es keine Innovationen:
Jeder Fehler und jedes Problem sind eine Chance zur Verbesserung!

5   Personal, Verantwortung und Personalhygiene

Hochwertige Ausgangsstoffe, geprüfte Maschinen und zuverlässige Rezepturen reichen allein nicht aus, um mit Sicherheit Arzneimittel hoher Qualität zu produzieren. Trotz aller Automatisierung ist dazu immer die zuverlässige Arbeit verantwortungsvoller Mitarbeiter erforderlich. Dieser *Faktor Mensch* darf kein *Unsicherheitsfaktor* in der ansonsten streng geregelten Prozesskette der Arzneimittelentstehung sein. Daher enthalten die GMP-Regeln auch bestimmte Anforderungen an Arbeitskräfte, die entweder selbst mit Ausgangsmaterialien, Zwischenstufen oder Arzneimitteln zu tun haben, oder aber mit ihrer Arbeit die Voraussetzungen dafür schaffen, dass Arzneimittel verarbeitet oder versendet werden können. Dazu gehören beispielsweise auch Mitarbeiter der Wartung, der Reinigung, des IT-Service, der Planung, des Einkaufs oder der Logistik.

5.A   Was versteht man unter Personalqualifizierung?

Alle diese Personen – ob festangestellt, als Leiharbeitskräfte oder als externe Dienstleister – sollen **qualifiziert** (geeignet) sein, am besten durch eine Kombination von **Ausbildung**, **Erfahrung** und **Schulung**.

Ausbildung und Erfahrung allein reichen noch nicht aus: *Qualifizierung* meint, dass jemand speziell für die Aufgaben, die er unter GMP ausführt, geschult wurde und die Abläufe und Verfahrensanweisungen genau kennt, welche für diese Arbeit gelten. Selbst langjährig **erfahrene Mitarbeiter** und **Vorgesetzte** müssen regelmäßig an Schulungen teilnehmen, damit sichergestellt ist, dass alle auf dem **neuesten Stand** sind und Änderungen an Abläufen von allen verstanden werden: Von möglichen Gesundheitsgefahren für Patienten einmal abgesehen, kosten die meisten Maschinen und Wirkstoffe auch sehr viel Geld. Auch daher ist es wichtig, dass **jeder seine Arbeit auf Anhieb korrekt** ausführt – und nicht erst nach drei Fehlversuchen!

Mitarbeiter und externe Vertragspartner (z.B. **Dienstleister**, siehe *Kapitel 4.C.2*) verpflichten sich bei Vertragsabschluss dazu, an den festgelegten Schulungsmaßnahmen und den gesetzlich geforderten Erfolgskontrollen, welche in Absprache mit dem Betriebsrat festgelegt werden, aktiv teilzunehmen.

Natürlich muss jeder bereits geeignet (qualifiziert) sein, *bevor* er eine qualitätskritische Tätigkeit ausführt. Und wie überall im GMP-Bereich gilt: Auch der Ausbildungsstand muss schriftlich nachweisbar sein, z.B. durch Teilnehmerzertifikate oder eine Schulungsdatenbank.

Personen, die *nicht* geschult sind, wie beispielsweise neu eintretende Mitarbeiter, Besucher, externes Servicepersonal oder Mitarbeiter, die Schulungen verpasst haben, müssen von geschultem Personal begleitet bzw. überwacht werden, bis sie die vorgeschriebene Einweisung oder Trainingslektion erhalten haben.

5.B   Wer muss GMP-Schulungen erhalten?

Jeder, der direkt oder indirekt mit Arzneimitteln zu tun hat, muss regelmäßig an Schulungen teilnehmen. Damit dabei niemand vergessen wird, legt das Unternehmen in einem **Trainingsplan** fest, *welche* Mitarbeiter in *welchen* GMP-Themen und Betriebsabläufen geschult werden. Auch die **Häufigkeit von Auf-**

frischungsschulungen** ist dort festgelegt, damit die notwendigen Kenntnisse z.B. zu Hygiene, Dokumentation und SOPs fortlaufend ergänzt und vertieft werden. Die Form der Schulung kann sich dabei unterscheiden. Sie sollte immer auf das jeweilige Lernziel und auf die Zielgruppe (z.B. Sprachverständnis) abgestimmt sein, z.B. theoretisch im Klassenzimmer, als praktische Einweisung vor Ort, als e-Learning oder in einer anderen Form, z.B. Leseschulung.

Die Firmen sind verpflichtet, Inhalt und Teilnehmer jeder Schulung zu dokumentieren und den **Erfolg von Schulungsmaßnahmen** zu überprüfen, z.B. durch Fragetechniken, Prüfungen oder Selbstinspektion.

Jeder Mitarbeiter ist persönlich verantwortlich dafür, alle Schulungen zu besuchen, zu denen er eingeladen ist. Außerdem ist jeder einzelne dafür verantwortlich, das Gehörte in die Praxis umzusetzen und bei Fragen den Trainer oder den Vorgesetzten um Erklärung zu bitten. Wer an einem Trainingstermin nicht teilnehmen kann, muss umgehend mit dem **Trainingskoordinator** (Schulungsverantwortlichen) Kontakt aufnehmen oder den Vorgesetzten informieren, damit die notwendigen Nachschulungsmaßnahmen festgelegt werden können.

GMP-Schulungen sind vergleichbar mit einer Fahrschule:
„Fahren" muss allerdings jeder selber im täglichen Betrieb!

5.C   Wofür ist jeder Mitarbeiter persönlich verantwortlich?

Die Aufgaben der einzelnen Mitarbeiter in einem Pharma- oder Zuliefer-Betrieb sind ganz unterschiedlich – dennoch sind alle Tätigkeiten auf ihre Weise „wichtig". Das ist vergleichbar mit einem großen Flugzeug, bei dem der Pilot nicht alles selber machen kann. Er muss sich auf die sorgfältige Arbeit vieler anderer Personen verlassen können: Mechaniker, das Bordpersonal, der Wetterdienst, die Softwarespezialisten, das Team im Tower, die Sicherheitskräfte – es kommt auf jeden einzelnen an. Selbst der, der vor dem Abflug die Ladeluke schließt, ist wichtig! Auch wenn kleine Unachtsamkeiten glücklicherweise nicht immer zum Absturz des Flugzeuges führen, so können sie dennoch Pannen, Verzögerungen und „Beinahe-Katastrophen" verursachen.

Das gilt nicht nur in der Luftfahrt!

Welche Aufgaben und Verantwortlichkeiten ein Mitarbeiter hat, ist in seiner **Stellenbeschreibung** festgelegt. Zusätzlich trägt *jeder*, der in einem GMP-Bereich arbeitet, persönlich Verantwortung in folgenden Situationen:

5.C.1   Regeln kennen und einhalten

Jeder Einzelne ist persönlich dafür verantwortlich, dass er die GMP-Regeln, welche für seinen Arbeitsplatz gelten, **kennt und täglich genau einhält** – auch wenn der Chef nicht hinschaut oder es mal schnell gehen muss. Das Einhalten von Arbeitsanweisungen und Vorschriften nennt man auch **Compliance**.

5.C.2   Präzise protokollieren

Jeder Einzelne ist dafür verantwortlich, dass er die ihm übertragene Aufgabe gemäß genehmigter Vorschrift (Anweisung, SOP) ausführt und **direkt bei der Arbeit leserlich und wahrheitsgemäß protokolliert**. Das gilt für alle Arbeiten im GMP-Bereich, einschließlich Reinigungsarbeiten, Wartungsarbeiten, Kalibrierarbeiten, Kontrollschritte, Überwachungen und Lagerarbeiten.

5.C.3   Verantwortlich unterschreiben

Wer in Protokollen, Checklisten, Logbüchern oder anderen GMP-Dokumenten mit **Namenszeichen** oder seiner vollen **Unterschrift unterschreibt, übernimmt Verantwortung**: Er bestätigt damit, dass er die entsprechende Aufgabe persönlich und exakt nach Vorschrift ausgeführt bzw. überprüft hat.

5.C.4   Abweichungen melden

Jeder – unabhängig vom Verursacher – ist dafür verantwortlich, dass er **Abweichungen**, Mängel, Maschinenfehlfunktionen, Fehler oder unerklärliche **Beobachtungen protokolliert und dem Vorgesetzten meldet**. Kein Mitarbeiter darf selbst entscheiden, ob etwas „wohl nicht so wichtig" ist. Auch Kleinigkeiten könnten später im Prozess große Auswirkungen haben, und schlimmstenfalls zu fehlerhaftem Produkt führen. Wer jedoch das Problem gemeldet hat, hat seine Pflicht getan. Ein Team der Qualitätssicherung beurteilt anschließend, was im konkreten Fall getan werden muss.

5.C.5   Persönliche Hygiene

Jeder Einzelne ist persönlich dafür verantwortlich, dass er sich **im GMP-Bereich hygienisch verhält**, insbesondere beim Umgang mit offenem Produkt, mit produktberührenden Anlagen und in reinen Räumen. Die Firma stellt Hygieneprogramme und Zonenkonzepte auf, in denen die Bekleidungs-, Verhaltens- und Reinigungsvorschriften in den einzelnen Hygienebereichen detailliert geregelt sind. Außerdem führt das Unternehmen Hygieneunterweisungen durch, in denen Händedesinfektion, korrektes Umkleiden in Schleusen und Verhalten am offenen Produkt und am reinen Arbeitsplatz geübt werden. Der Arbeitgeber darf von Mitarbeitern in reinen Räumen sogenannte Abklatschtests machen, um festzustellen, ob Hände und Kleidung sauber sind. Dennoch muss sich die Firma darauf verlassen können, dass jeder Einzelne vor Arbeitsantritt duscht, die Hände wäscht und desinfiziert, die GMP-Kleidung korrekt trägt und regelmäßig wechselt, meldet, wenn er eine Wunde oder einen Infekt hat, und im GMP-Bereich weder Kosmetik noch Schmuck trägt, nichts isst oder kaut und nie offenes Produkt mit der Hand berührt.

5.C.6   Keine Änderung ohne Genehmigung

Niemand darf auf eigenen Faust **Änderungen** an Vorschriften, Protokollen, Anlagen, Software, Prozessen oder Rohstoffen durchführen. Wenn eine Änderung geplant ist (oder ungeplant erforderlich war), muss zuerst ein speziell dafür verantwortliches Team untersuchen (**Change-Control-Verfahren**), welche weiteren Schritte notwendig sind, bevor die Änderung genehmigt werden kann (siehe *Kapitel 4.C.5*). So könnten beispielsweise zusätzliche Prüfungen oder Dokumentenänderungen erforderlich werden, oder es müssen Kunden oder Behörden informiert oder sogar die Zulassung geändert werden.

Im GMP-Bereich kommt es auf jeden Einzelnen an, niemand ist „unwichtig". Nur wenn jeder seine Aufgabe zuverlässig nach Vorschrift erledigt, kann am Ende eine hohe Arzneimittelqualität erreicht werden.

5.D   Welche Verantwortungsträger gibt es?

Bestimmte Funktionen in einem GMP-pflichtigen Betrieb tragen besondere Verantwortung, die in **Stellenbeschreibungen** und **Organigrammen** näher beschrieben und abgegrenzt sind. Sie müssen außerdem erfahrene **Stellvertreter** haben, die ihre Aufgaben bei Abwesenheiten übernehmen können.

Diese **Schlüsselfunktionen** tragen zwar besonders hohe, aber *nicht die alleinige* Verantwortung. Teile von ihren vielfältigen Aufgaben und Zuständigkeiten können sie an andere Personen **delegieren**.

Jede schriftliche Arbeitsanweisung, SOP oder Verfahrensanweisung, die ein Mitarbeiter erhält, ist eine „delegierte Aufgabe". Wer seine Aufgabe erledigt hat und im Protokoll oder Logbuch unterschreibt, bestätigt damit, dass er die Arbeit korrekt ausgeführt hat und dafür die Verantwortung übernimmt.

Die Verantwortungsträger müssen sich immer wieder vergewissern, dass ihre Anweisungen verstanden und befolgt werden, beispielsweise im Rahmen interner Audits (siehe *Kapitel 3.G.3*).

Je nachdem, ob eine Firma Arzneimittel oder Wirkstoffe herstellt, als „Pharmazeutischer Unternehmer" (siehe *Kapitel 3.B*) auftritt oder mit Arzneimitteln handelt, müssen unterschiedliche Schlüsselfunktionen besetzt sein. Ihre Zuständigkeiten sind gesetzlich vorgegeben.

5.D.1 Leitung der Herstellung

Die **Leitung der Herstellung** muss Herstellanweisungen genehmigen und ihre genaue Einhaltung sicherstellen, für ordnungsgemäße Lagerhaltung sorgen, sowie gewährleisten, dass in ihrem Bereich Qualifizierungen, Validierungen, Schulung und Wartung von Räumlichkeiten und Ausrüstung durchgeführt werden.

5.D.2 Leitung der Qualitätskontrolle

Die **Leitung der Qualitätskontrolle** entscheidet über die Freigabe von Ausgangsstoffen, Verpackungsmaterial und Zwischenprodukten, genehmigt Spezifikationen, Anweisungen zur Probenahme und Prüfanweisungen. Außerdem muss sie sicherstellen, dass alle erforderlichen Prüfungen durchgeführt werden und in ihrem Bereich Qualifizierungen, Validierungen, Schulung und Wartung von Räumlichkeiten und Ausrüstung durchgeführt werden.

5.D.3 Sachkundige Person (QP, Qualified Person)

Die **Sachkundige Person** ist dafür verantwortlich, Arzneimittelchargen für den Verkehr innerhalb des EWR freizugeben. Zuvor muss sie überprüft haben, dass die Qualität der Charge und die Herstellung der Marktzulassung entsprechen, alle Tests und Prüfungen, sowie ggf. Zusatzprüfungen bei Abweichungen durchgeführt wurden, die Dokumentation fertig und genehmigt ist, und die GMP-Regeln von allen Beteiligten eingehalten wurden. Jeder Betrieb, der eine **Herstellungserlaubnis** beantragt (siehe *Kapitel 3.C*), muss eine Sachkundige Person benennen.

5.D.4 Responsible Person (nur in Betrieben, die GDP erfüllen müssen)

In Betrieben, die nur mit Arzneimitteln handeln und daher keine Herstellungserlaubnis benötigen, gibt es keine *Sachkundige Person* (QP). In solchen Firmen muss die Geschäftsleitung eine **Responsible Person** (**Verantwortliche Person**) beauftragen, die für die Einführung und Umsetzung eines QMS und die Einhaltung der GDP-Regeln verantwortlich ist. Weitere Zuständigkeiten sind in Stellenbeschreibungen und Verfahrensanweisungen (SOPs) festzulegen. Falls es mehrere Lagerorte oder Vertriebsstellen gibt, muss an jedem Ort eine Responsible Person benannt sein.

5.D.5   Fachtechnisch verantwortliche Person (nur in der Schweiz)

Die schweizerischen Gesetze lehnen sich bezüglich GMP stark an die EU-GMP-Regularien an. Es gibt jedoch auch wichtige Unterschiede: Pharmaunternehmen mit Firmensitz in der Schweiz müssen eine **Fachtechnisch verantwortliche Person** (**FvP**) benennen, wenn sie eine **Betriebsbewilligung** beantragen. Das gilt nicht nur für Arzneimittelhersteller, sondern auch für Großhändler, Vertriebsfirmen, Arzneimittel-Importeure und -Exporteure. Die FvP hat die unmittelbare fachliche Aufsicht über den jeweiligen Betrieb, und muss den sachgemäßen Umgang mit Arzneimitteln sicherstellen. Dazu muss sie besondere fachliche Qualifizierung nachweisen können und persönlich bei der Schweizerischen Behörde Swissmedic gemeldet sein. Im Gegensatz zur „Sachkundigen Person" (QP) in der EU hat *nicht jede* FvP die Berechtigung zur Marktfreigabe (siehe *Kapitel 9.F.3*)!

6 Arbeitsanweisungen, Aufzeichnungen und Dokumentation

Im GMP-Bereich muss alles nachvollziehbar sein, denn schließlich geht es ja um Leben und Gesundheit von Mensch und Tier:

- 🦶 Für jeden Handgriff gibt es präzise Vorschriften – eine gute Ausbildung und Berufserfahrung reichen allein nicht aus!
- 🦶 Jede ausgeführte Arbeit muss vollständig dokumentiert werden – sorgfältige Arbeit allein ist noch nicht ausreichend.

Die vielen Vorschriften und das akribische Erfassen aller Ist-Werte und Beobachtungen sind ein wesentlicher und auffälliger Unterschied zu anderen Branchen. Auch wenn Vorschriften heute oft vom Bildschirm abgelesen und manche Protokolle direkt im Computersystem erfasst werden, so liegt doch eine ironische Deutung der Abkürzung *GMP* nahe: **G**roße **M**engen **P**apier.

Jede Arbeit im GMP-Umfeld ist mit Vorschriften, Protokollen oder Checklisten verbunden.

6.A Wie behält man den Überblick über so viele Daten?

Ob Papier oder elektronische Dokumente: Bei so großen Datenmengen ist in jedem Falle ein sorgfältiger Umgang erforderlich, damit Dokumente oder unterschiedliche Versionen nicht irrtümlich oder absichtlich vertauscht werden oder Daten verloren gehen. Deswegen muss es ein **Dokumentenmanagementsystem** geben, welches sicherstellt, dass jeder betroffene Mitarbeiter jeweils die aktuelle, genehmigte Version eines Dokuments zur Verfügung hat. Wenn es sich dabei um ein elektronisches System handelt, dann muss die **Software validiert** (siehe *Kapitel 7.C*) sein, d.h. die wesentlichen Funktionen wurden vorher überprüft, damit beispielsweise nicht versehentlich Dokumentenänderungen oder **Löschungen** passieren können.

Immer mehr Firmen gehen dazu über, auf Papierdokumente zu verzichten. Dort werden Arbeitsanweisungen, Spezifikationen, Berichte und andere Dokumente nicht nur mit Hilfe eines Computersystems erstellt, sondern auch genehmigt und elektronisch verteilt. Wer in so einem Unternehmen eine Arbeitsvorschrift, SOP oder ein anderes Dokument benötigt, muss es immer aktuell im Computersystem aufrufen und direkt vom Bildschirm ablesen. Manche dieser Dokumentationssysteme erlauben, dass man Formblätter, Checklisten oder Arbeitsanweisungen ausdrucken kann. Mitarbeiter müssen dann sorgfältig darauf achten, diese Ausdrucke nur solange zu verwenden, wie darauf vermerkt ist (meist 24 oder 48 Stunden), damit nicht versehentlich veraltete Versionen weiterverwendet werden.

6.A.1 Gelenkte Dokumente

Ob Vorschrift oder Protokoll: Formlose Notizzettel sind im GMP-Bereich nicht erlaubt.

Es muss nämlich bei sämtlichen Dokumenten erkennbar sein:

- Wer ist der Verfasser oder Bearbeiter?
- Wer hat das Dokument oder die Eintragungen überprüft?
- Wer hat das Dokument wann genehmigt?
- Wie ist der Status? Ist das Dokument im Entwurf, in Revision, in Kraft (seit wann?) oder außer Kraft?
- Wie lautet die Dokumenten- und Versionsnummer? Wie viele Seiten und Anhänge gibt es?
- Handelt es sich um eine **autorisierte Kopie** (kontrollierte/ registrierte Kopie) bzw. einen gültigen Ausdruck aus einem Computersystem?

Solche Dokumente nennt man **gelenkt**. Sie werden gezielt an alle Betroffenen verteilt, und unterliegen einer **Versionskontrolle**, d.h. es kann nicht jeder beliebig Änderungen daran vornehmen.

Besonders kritisch ist das **Kopieren** von Dokumenten: Jegliche Kopie, z. B. von Vorschriften, Protokollen oder Geräte-Ausdrucken muss **vollständig und lesbar** sein, damit keine Information verlorengeht. Außerdem dürfen keine unkontrollierten Kopien angefertigt werden: Es besteht die Gefahr, dass bereits Änderungen am Original oder neue Versionen gültig sind, während jemand noch mit diesen unkontrollierten Kopien weiterarbeitet – und damit sind Fehler vorprogrammiert! Unternehmen mit papierbasierter Dokumentation müssen deshalb regeln, wer Kopien anfertigen darf, wie man Originale und autorisierte Kopien erkennen kann (z. B. an Nummern, Wasserzeichen oder Spezialpapier) und wie veraltete Versionen eingezogen werden.

 Im GMP-Bereich darf nur nach aktuellen, genehmigten Vorschriften gearbeitet werden, nie nach Entwürfen oder unkontrollierten Kopien!

6.A.2   Rückverfolgbarkeit

Manche Daten und Aufzeichnungen werden im Arbeitsalltag häufig benötigt, z. B. für Auswertungen und Reviews. Andere Informationen werden *scheinbar* nie wieder gebraucht – bis zum „Tag X", an dem eine Kundenreklamation eintrifft oder ein Qualitätsproblem auftaucht. Auf der fieberhaften Suche nach der Fehlerursache ist plötzlich jedes Detail wichtig. Sogar lange ungenutzte Aufzeichnungen werden durchforstet – gut wenn wirklich lückenlos protokolliert wurde und man alles auf Anhieb findet!

Eine klare, vollständige und übersichtliche Dokumentation hat vielerlei Vorteile:

- Sie ist die **Voraussetzung für gleichmäßige Qualität** eines Arzneimittels. Dazu braucht man detaillierte Vorschriften und regelmäßige Reviews der Ist-Daten.
- Sie erleichtert Dritten, wie beispielsweise Kunden, Überwachungsbehörden oder neuen Mitarbeitern die **Nachvollziehbarkeit der einzelnen Arbeitsschritte**.
- Sie ist Voraussetzung für Fehleruntersuchungen und Ursachenanalysen, z. B. bei Reklamationen von extern oder bei intern festgestellten (Qualitäts-)Abweichungen. In diesen Fällen müssen sämtliche Arbeiten **in beiden Richtungen rückverfolgbar** sein:
  - Rekonstruktion von **Herkunft und Verwendung**
  - Feststellung **aller betroffener Produkte**, Chargen und Dosierungen

6.A.3   Archivierung

Damit die gesammelten Daten bis zum Ende der Laufzeit eines Medikamentes oder bis zum Ende der Lebenszeit einer Fertigungsanlage verfügbar sind, müssen sie über viele Jahre **archiviert** werden – Zeiträume von 10 bis 15 Jahren sind durchaus üblich. Eine SOP beschreibt, in welcher Form (als Papier oder auf Datenträgern) und an welchen Aufbewahrungsorten über welche Fristen die einzelnen Dokumentenarten archiviert werden müssen – und wie die Firma sicherstellt, dass die Informationen jederzeit wieder auffindbar sind.

Wenn **elektronische Datenträger** zur Archivierung verwendet werden, dann muss die Firma sicherstellen, dass geeignete Software und qualifizierte Hardware mit archiviert wird und die Datenträger vor Beschädigung geschützt sind. Ein großes Problem bleibt bei langen Archivierungszeiträumen dennoch die Frage, wie lange die gespeicherten Daten unverändert lesbar bleiben. Der Gesetzgeber verlangt daher regelmäßige Sicherungskopien aller maßgeblicher Daten.

6.B   Wozu so viele Vorschriften und Arbeitsanweisungen?

Ob SOP, Arbeitsanweisung, Verpackungsvorschrift, Lagervorschriften, Prüfplan, Testplan, Kontrollvorschrift, Checkliste, Validierungsplan, Kalibrieranweisung oder Reinigungsvorschrift – die Namen für Vorgabedokumente sind vielfältig.

Für alle gilt jedoch:

- Für jede qualitätsrelevante Arbeit muss es ein aktuelles, genehmigtes Vorgabedokument geben!

- Interne Dokumente sind genauso verbindlich, wie ein Gesetz – ab dem Gültigkeitsdatum!
- Die Arbeitsanweisung beschreibt *keine* Wunsch- oder Zielvorstellung, sondern den realen Arbeitsablauf, der routinemäßig befolgt werden muss.
- Es darf nur nach der neuesten, genehmigten Vorschrift gearbeitet werden.
- Arbeitsanweisungen müssen am entsprechenden Arbeitsplatz verfügbar sein.
- Gewünschte Änderungen müssen gemeldet werden (Change Control, siehe *Kapitel 4.C.5*), damit Ablauf und Arbeitsanweisung eventuell optimiert werden können
- Alle gewünschten Änderungen dürfen erst umgesetzt werden, wenn sie von hierfür benannten Personen genehmigt wurden.

Das gilt für alle Mitarbeiter und Hierarchiestufen. Wenn ein Vorgesetzter entscheidet, anders vorzugehen, als es in der aktuellen Vorschrift vorgesehen ist, dann muss er das als Abweichung dokumentieren und begründen.

Präzise Vorschriften sind Voraussetzungen für korrekte Arbeit und damit für einwandfreie Arzneimittel.

6.B.1 SOPs (Standard Operating Procedures = Standardarbeitsanweisungen)

Die meisten Arbeiten kann man auf ganz unterschiedliche Weise erledigen – wobei jede Arbeitsweise ihre Vor- und Nachteile hat.

Bei Arzneimitteln kommt es aber ganz wesentlich darauf an, dass sie *einheitliche* Qualität haben. Daher ist es notwendig, dass Arbeitsschritte immer auf dieselbe Weise erledigt werden – unabhängig vom Bearbeiter! Deswegen sind alle wiederkehrenden Tätigkeiten detailliert in SOPs beschrieben.

SOPs beschreiben präzise und unmissverständlich *was* die Mitarbeiter tun müssen und vor allem auch *wie* sie es tun müssen. Es darf weder für Anfänger, noch für Erfahrene bei der Durchführung einer Tätigkeit Interpretationsspielräume, individuelle Freiheit oder Kreativität geben. Und wenn ein Arbeitsablauf tatsächlich nicht so funktionieren sollte, wie in der Anweisung vorgeschrieben, dann ist es die Pflicht des Mitarbeiters, das zu notieren und dem Vorgesetzten zu melden.

Interne Vorschriften und Arbeitsanweisungen müssen ab dem Gültigkeitsdatum genauso strikt eingehalten werden wie Gesetze. Das gilt für alle: vom Azubi bis zum Chef!

6.B.2 Spezifikationen

Die meisten Produkte des täglichen Bedarfs gibt es in ganz unterschiedlichen Qualitäten – zu ganz unterschiedlichen Preisen.

Auch Arzneimittel werden zu unterschiedlichen Preisen angeboten – mit dem wichtigen Unterschied, dass es hier *auf keinen Fall* Abstriche bei der Qualität geben darf. Deswegen muss die Qualität jedes Arzneimittels ganz genau in einer **Spezifikation** festgelegt sein.

Auch die eingesetzten **Ausgangsstoffe** und Verpackungsmaterialien müssen bestimmte Qualitätsanforderungen erfüllen: Sonst könnte man lange darüber streiten, wie „gut" ein Rohstoff sein muss, damit man Arzneimittel daraus machen kann. Damit solche Diskussionen gar nicht erst aufkommen, verlangt der Gesetzgeber, dass die erforderlichen Eigenschaften für jeden Wirkstoff, jeden Hilfsstoff, jedes Packmaterial und das fertige Arzneimittel schriftlich festgelegt – *spezifiziert* – werden.

Spezifikationen sind Beschreibungen von Eigenschaften: Je nach Material können das ganz unterschiedliche **Qualitätsmerkmale** sein, beispielsweise Farbe und Aussehen, Geruch, Größe und Gewicht, oder auch Wirkstoffgehalt, Wassergehalt, Teilchengröße bei Pulvern und maximal erlaubte Verunreinigungen. Für häufig verwendete Wirk- und Hilfsstoffe gibt es Spezifikationen in den **Arzneibüchern** (siehe *Kapitel 3.E.5*). Die dort beschriebenen Qualitätsanforderungen müssen in jedem Fall erfüllt oder sogar übertroffen werden.

Sämtliche **Spezifikationen** für ein Arzneimittel müssen in den eingereichten **Zulassungsunterlagen** (**Dossier**, siehe *Kapitel 3.B*) enthalten sein. Dadurch ist die Firma festgelegt: Es muss immer genau die Qualität eingesetzt und erzielt werden, die bei der Behörde hinterlegt ist. Deswegen dürfen Spezifikationen auch nicht geändert werden: Die **Zulassungsabteilung** muss dazu erst einen **Änderungsantrag** bei der Behörde stellen und die Genehmigung abwarten.

Eine Spezifikation ist wie eine Zielscheibe – nur wer das Ziel kennt, kann treffen!

6.C Was versteht man unter Chargendokumentation?

Jede **Arzneimittelcharge** – das ist eine „Portion", die auf einmal aus denselben Rohstoffen hergestellt wird – muss exakt so hergestellt und geprüft werden, wie es in den eingereichten **Zulassungsunterlagen** (**Dossier**, siehe *Kapitel 3.B*) beschrieben ist. Deswegen gibt es für jede einzelne Charge detaillierte Herstellungs-, Verarbeitungs-, Verpackungs- und Prüfanweisungen.

Während der Chargenfertigung, Chargenverpackung und Prüfung protokollieren die beteiligten Mitarbeiter den Werdegang der Charge mit allen aktuellen Daten in allen Einzelheiten. Dabei ist darauf zu achten, dass *Ist-Werte* und *nicht etwa Soll-Werte* eingetragen werden. Besonders wichtig sind Angaben zu **Abweichungen** (siehe *Kapitel 4.C.6*) während der Herstellung oder Prüfung bzw. Querverweise auf **Abweichungsberichte**. Nur so kann später die Chargengeschichte des Arzneimittels problemlos zurückverfolgt werden.

Bestimmte Arbeits- oder Kontrollschritte sind so **kritisch**, dass sie von einer zweiten Person vor Ort überprüft werden müssen (**Vier-Augen-Prinzip**): nämlich immer dann, wenn ein kleines Versehen schwerwiegende Konsequenzen für nachfolgende Arbeitsschritte oder sogar für das Endprodukt haben könnte.

Wenn die Arzneimittelcharge fertiggestellt und verpackt ist, sowie alle Analysenergebnisse vorliegen, dann wird die komplette Chargendokumentation einschließlich aller Berechnungen und Abweichungen nochmals sehr sorgfältig überprüft (**Batch Record Review, BRR**).

Nur wenn die Chargendokumentation vollständig, plausibel und korrekt ist, darf die **Sachkundige Person** (**QP**, siehe *Kapitel 5.D.3*) die Arzneimittelcharge für den Markt freigeben – gute Analysenergebnisse *allein* reichen dazu nicht aus (siehe *Kapitel 9.F.3*)!

6.D Wozu dienen Logbücher?

Das Leben von Produktionsräumen und -anlagen kann lang und voller Überraschungen sein – besonders bei Mehrschicht-Betrieb. Und ausgerechnet, wenn es darauf ankommt, kann sich niemand mehr so ganz genau an ein bestimmtes zurückliegendes Ereignis erinnern.

Deswegen ist für alle Räume, Anlagen oder Geräte, in denen Arzneimittel hergestellt oder verpackt werden, ein **Logbuch** vorgeschrieben, das nahe der Anlage oder des Raumes aufbewahrt wird. Dieses gibt einen lückenlosen Überblick über die zeitliche Reihenfolge von Nutzung und Unterhaltsmaßnahmen.

Wichtig ist, dass die Beschäftigten folgende Daten bzw. Vorkommnisse stets umgehend eintragen: Produktfolge, (Zwischen-)Reinigungen, Defekte, Funktionsstörungen, Reparaturen, Kalibrierungen und Justierungen, Wartungen, Prüfungen und Serviceleistungen, Außerbetriebnahme, Wieder-Inbetriebnahme, etc.

Jeder ist persönlich dafür verantwortlich, direkt bei der Arbeit vollständig und lesbar zu protokollieren.

Sorgfältig geführte Logbücher sind bei Fehlersuchen und Ursachenanalysen unentbehrlich.

Die ausführliche **technische Dokumentation** mit den vollständigen Unterlagen zu Beschaffung, Qualifizierung, Anlagenveränderungen, Wartungsbelegen, Reparaturbelegen und allen anderen Informationen zu Raum oder Anlage kann auch separat vom Logbuch aufbewahrt werden.

6.E Was muss man beim Ausfüllen von Protokollen und Logbüchern beachten?

6.E.1 Rohdaten

Die aktuell bei der Arbeit anfallenden Ist-Daten (Messwerte oder Beobachtungen) nennt man **Rohdaten.** Dazu zählen auch *unerwartete* Messwerte oder sonstige *ungewöhnliche Beobachtungen* an Maschinen, Materialien oder Arbeitsabläufen. Rohdaten sind nicht nur handschriftliche Eintragungen, sondern auch beispielsweise Ausdrucke von Waagen und Temperaturschreibern oder anderen Geräten. Falls einzelne Arbeitsschritte nicht genauso durchgeführt werden können, wie in der Arbeitsanweisung vorgeschrieben, dann muss dokumentiert werden, wie stattdessen vorgegangen wurde.

Wahrheitsgemäße Protokolle sind genauso wichtig wie exakte Arbeit: Sie gelten als Nachweise – auch bei Inspektionen.

6.E.2 Protokollführungsregeln

Nur was sorgfältig dokumentiert ist, ist jederzeit für jedermann nachvollziehbar, beispielsweise auf der Suche nach Fehlerursachen.

Was nicht dokumentiert wurde, gilt als nicht getan!

Damit keine Informationen verloren gehen oder verwechselt werden, müssen sämtliche Tätigkeiten im GMP-Bereich, wie beispielsweise Wareneingang, Probenahme, Prüfungen, Validierungen, Kalibrierungen, Vernichtungen, usw. direkt bei der Arbeit protokolliert werden.

Für die Protokollführung gelten folgende Regeln:

- Saubere, vollständige Dokumentation ist genauso wichtig wie sorgfältige Arbeit!
- Die Dokumentation muss leserlich, vollständig, ordnungsgemäß unterzeichnet und datiert sein.
- Arbeitsschritte müssen zeitnah von der Person protokolliert werden, die die Tätigkeit durchführt.
- Es wird genau das protokolliert, was durchgeführt wurde – nicht mehr und nicht weniger.
- *Alle* Daten und Beobachtungen protokollieren – *nichts* weglassen!
- Es wird direkt in das vorgesehene Formblatt, die Checkliste, das Logbuch bzw. EDV-System protokolliert. Daten dürfen auf keinen Fall zwischenzeitlich auf Schmierpapier notiert werden. Es darf keine zusätzliche „inoffizielle" oder „private" Dokumentation geben.
- Bleistift, Leuchtmarker, Haftnotizen und Tipp-Ex sind verboten.
- Dokument, Unterschriften oder Eintragungen in Protokolle dürfen niemals vor- oder rückdatiert werden.

 Wenn Papier und Praxis nicht übereinstimmen, handelt es sich um einen groben Verstoß!

6.E.3 Unterschrift und Namenskürzel

Jede Form der Unterschrift – ob Namenskürzel, volle handschriftliche oder elektronische Unterschrift in einem EDV-System – bedeutet, dass der unterschreibende **Mitarbeiter Verantwortung übernimmt**. *Wofür* er im konkreten Falle Verantwortung übernimmt, geht aus einem erläuternden Zusatz hervor, beispielsweise

- für die korrekte und vollständige Ausführung einer Arbeit oder Aufgabe oder
- für die gewissenhafte Überprüfung oder Genehmigung des Dokumentes oder
- für das sinnerfassende Lesen einer Anweisung und die Bereitschaft, diese in die Praxis umzusetzen.

Besonders kritische Arbeitsschritte müssen von zwei Personen unterschrieben oder mit Namenszeichen versehen werden (**Doppel-Check**). Dabei haben beide gleich große Verantwortung: Wer die Arbeit ausführt, darf sich nicht darauf verlassen, dass er nochmals kontrolliert wird. Und auch die Überprüfung (**Verifizierung**) der Arbeitsschritte, Daten oder Berechnungen muss extrem sorgfältig erfolgen. Vertrauen auf die sorgfältige Arbeit des Ausführenden reicht allein nicht aus.

Wer unterschreibt, übernimmt Verantwortung!

Eine Unterschrift muss immer *mit dem aktuellen Datum* versehen werden. Müssen im Ausnahmefalle Daten oder Unterschriften nachgetragen werden, dann ist der Nachtrag wie folgt zu datieren: *„Arbeit ausgeführt am …. (Ausführungsdatum), nachgetragen am … (aktuelles Datum des Nachtrags), Unterschrift".*

6.E.4   Korrekturen

Auch wer sorgfältig und konzentriert arbeitet, kann sich mal verschreiben. Oder man stellt fest, dass ein Wert falsch von einer Anzeige abgelesen wurde. Das ist im ersten Moment vielleicht peinlich, aber noch kein großes Problem. Im Gegenteil: Sofern der Irrtum umgehend korrigiert wird, kann ja nichts Schlimmes mehr passieren.

Entscheidend ist, dass die Korrektur ordnungsgemäß durchgeführt wird, damit auch später noch eindeutig nachvollziehbar ist, was wirklich passiert ist.

Deswegen gibt es auch für Korrekturen in Protokollen verbindliche Spielregeln:

- Fehleintragungen so korrigieren, dass die ursprüngliche Eintragung lesbar bleibt.
- Begründung angeben, falls der Grund nicht offensichtlich ist, z.B. Rechenfehler, Ablesefehler.
- Die Korrektur mit Namenszeichen und Datum abzeichnen.
- Eintragungen niemals überdecken, löschen, ausschneiden oder unkenntlich machen
- Niemals fehlerhafte Formblätter oder Dokumente vernichten!

 Schreibfehler und Irrtümer sind keine Schande, wenn sie sofort nach der Entdeckung ordnungsgemäß korrigiert werden.

7   Räume, Anlagen und Produktionshygiene

Wenn Arzneimittel in staubigen Baracken hergestellt oder in feuchten Kellern gelagert würden, wären **Verunreinigungen** und **Verderb** vorprogrammiert. Auch unsaubere Anlagen stellen eine Gefahr dar, denn so gelangen Reste von Vorprodukten, Keime oder Schimmel in die Folgeprodukte.

Bestimmte Verunreinigungen in Arzneimitteln können dem Patienten direkt schaden, z.B. Reste vom Vorprodukt (**Kreuzkontamination**), Splitter oder Krankheitserreger. Andere Verunreinigungen zersetzen den Wirkstoff oder lassen das Produkt verderben, wie beispielsweise Mikroorganismen, Staub, Reste von Wasser oder von Reinigungsmitteln.

Typische Auswirkungen von Verderb sind beispielsweise Trübungen, Geruchsveränderungen, Ausflockungen, Phasentrennung bei Emulsionen, Farbveränderungen, Schimmelbildung, Wirkstoffzersetzung und im Extremfall die Bildung toxischer Zersetzungsprodukte, die den Patienten im höchsten Maße gefährden können.

Verunreinigung und Verderb sind also eine große Gefahr für Arzneimittel. Der Gesetzgeber verlangt daher, dass Hersteller und Händler von Arzneimitteln strenge Anforderungen an Räume und Ausrüstung erfüllen. **Geeignete Räume,** Geräte und Anlagen sind sogar Voraussetzung dafür, dass man eine **Betriebserlaubnis** (siehe *Kapitel 3.C*) bekommt.

Arzneimittel dürfen nur in speziell geeigneten Räumen hergestellt und gelagert werden.

7.A   Wo darf man herstellen und lagern?

Räume, in denen Arzneimittel hergestellt, verpackt oder gelagert werden, müssen speziell für diesen Zweck geeignet (**qualifiziert**) sein. Auch die dort eingebauten Versorgungsanlagen, wie Klima-, Lüftungs- und Wasseranlagen müssen qualifiziert sein, damit beispielsweise Absaug- oder Lüftungsanlagen keine Produktstäube in andere Räume verteilen. Ob die Räume tatsächlich geeignet sind und in einem gepflegten baulichen Zustand sind, überprüfen **Behördeninspektoren**, bevor sie eine Herstellungserlaubnis (siehe *Kapitel 3.C*) erteilen. Deswegen darf man auch *nur* in den Gebäuden und Räumen herstellen und lagern, die in dieser Erlaubnis genannt sind. Pläne und Fließdiagramme von Herstellungsbereichen und Warenlagern sind außerdem im **Site Master File** (**SMF**, siehe *Kapitel 4.B.4*) enthalten, damit Vertragspartner oder Inspektoren einen schnellen Überblick erhalten, ob Material- und Personalflüsse sinnvoll gestaltet sind.

7.A.1   Allgemeine Anforderungen an Räume und Installationen

Welche Anforderungen an Räume im konkreten Fall erfüllt werden müssen, hängt *von der Art der Produkte* ab, die darin gefertigt werden sollen (siehe **Reinraumklassen,** *Kapitel 7.A.3*). Deswegen ist es unverzichtbar, die Raumgestaltung zusammen mit Herstellern und Zulieferern sorgfältig zu planen, die spezielle Fachkompetenz für Pharmaräume haben.

Folgende Punkte sind zu beachten:

- Die **Lage der Räume** spielt eine große Rolle, damit einerseits die Wegstrecken zwischen Warenein- und -ausgang, Lager- und Verarbeitungsräumen nicht zu groß sind, aber andererseits eine deutliche **Abtrennung** zu anderen Bereichen (z.B. Technik, Büro, Aufenthaltsräume) besteht. Räumliche Trennung ist besonders wichtig, falls angrenzend andere Produkte (z.B. Chemikalien, Pestizide) gefertigt werden.

- **Größe und Höhe** müssen auf die Anlagen abgestimmt sein, die dort betrieben werden sollen. Das bedeutet, dass ausreichend Platz für die zur Verarbeitung notwendigen Materialien vorhanden ist und die Geräte auch für Wartungs- und Reinigungsarbeiten gut zugänglich sind. Zu großzügig bemessene Flächen bedeuten jedoch regelmäßig einen erhöhten Reinigungsaufwand.

- Ein durchdachter **Materialfluss,** linear entlang den einzelnen Verarbeitungsschritten spart Arbeitszeit und vermeidet Verwechslungen. Dazu gehört auch, dass Raumverbindungen, Durchreichen, In-Prozess-Kontroll-Bereiche und ausreichende Stellflächen entsprechend angeordnet sind. Ebenso wichtig ist der **Personalfluss**, denn eine günstige Anordnung von

Umkleideräumen, Schleusen, Toiletten und Pausenräumen erleichtert dem Personal, die Bekleidungsvorschriften (siehe *Kapitel 7.A.3*) einzuhalten.

- Eine **Zutrittskontrolle** stellt sicher, dass nur geschulte Personen in die Arbeitsräume gelangen und niemand Unbefugtes sie als Durchgang verwendet.

- Damit Wände, Decken, Fenster, Türen, Böden und Installationen **leicht zu reinigen** und zu desinfizieren sind, müssen diese entsprechend der späteren Verwendung ausgewählt werden, z.B.:
  - riss- und porenfreie Materialien, die beständig gegen Feuchtigkeit, Reinigungs- und Desinfektionsmittel sind.
  - Ausführungen möglichst glatt und ohne Fugen, Ritzen oder Nischen, z.B. hinter Installationen. Fugen- oder Dichtungsmaterial muss ebenfalls beständig gegen Reinigungsmittel sein.
  - Dichtigkeit von Türen und Durchreichen passend zur Reinraumklasse.
  - waagerechte Flächen nur dort, wo unbedingt erforderlich (z.B. als Arbeitsfläche) und zur Reinigung leicht erreichbar.

- Auch **Einrichtungsgegenstände**, wie Schränke, Tische, Schreibpulte und Stühle müssen so gefertigt sein, dass sie sich entsprechend der Reinraumklasse (siehe *Kapitel 7.A.3*) reinigen lassen.

- Für Gebäude und Räume muss es ein regelmäßiges **Instandhaltungsprogramm** geben, das auch pünktlich befolgt wird. Durchgeführte Wartungs- und Instandhaltungsarbeiten müssen protokolliert werden (siehe *Kapitel 6.E*).

- **Änderungen** an Gebäuden oder Räumen müssen einem Änderungsverfahren (Change Control) (siehe *Kapitel 4.C.5*) unterzogen werden. Dabei muss untersucht und bewertet werden, ob die Änderungen den Produktionsablauf stören oder die Produkte nachteilig beeinflussen könnten. Es ist nicht erlaubt, kurzfristig auf andere oder zugemietete Räume auszuweichen, die nicht in der Betriebserlaubnis (siehe *Kapitel 3.A*) aufgeführt sind!

 Räume müssen leicht zu reinigen sein und immer sauber gehalten werden.

7.A.2 Haustechnik

Wie wichtig Strom in unserem Alltag ist, merkt man erst bei Stromausfall. Und wenn das Wasserwerk für ein paar Stunden das Wasser abdreht, fällt Kaffeekochen und Haare waschen aus.

Wo man im privaten Alltag noch improvisieren kann, ist die Situation in einem Industriebetrieb viel ernster. Die **Haustechnik** ist gewissermaßen das Blutsystem eines Unternehmens: Ohne sie kommt alles zum Stillstand!

In einem Pharmabetrieb kommt hinzu, dass es für jedes Gewerk spezielle Anforderungen gibt: Ob Lüftung, Wasser oder Medien – abhängig von der Art der gefertigten Produkte bzw. den notwendigen **Reinraumklassen** (siehe *Kapitel 7.A.3.2*) müssen besondere Kriterien berücksichtigt werden.

7.A.2.1 Lüftung und Klima

Raumlufttechnik in einem Pharmabetrieb ist ein besonderes Wunderwerk, denn sie muss gleichzeitig verschiedene und teilweise widersprüchliche Anforderungen erfüllen:

Der **Produktschutz** hat im GMP-Bereich höchsten Stellenwert – aber die Produkte müssen auch gegenseitig voreinander geschützt werden! Eine wichtige Anforderung an Lüftungssysteme ist daher, dass Wirkstoff- bzw. Produktstäube nicht über die Lüftung verteilt werden. Daher dürfen beispielsweise Produktionsbereiche mit unterschiedlichen Produkten nicht aus derselben **Lüftungsanlage** versorgt werden.

Damit die Luft in Produktionsbereichen soweit frei von Staub und Keimen ist, wie es die jeweilige Hygienezone (siehe *Kapitel 7.A.3.1*) erfordert, muss sie speziell gefiltert werden. Für Sterilbereiche filtern Hochleistungsfilter (z. B. **HEPA**-Filter, High Efficiency Particulate Air Filter) auch noch feinste Schwebstoffe aus der Zuluft. Wichtig ist, dass Luftfilter genau auf die **Reinraumklasse** abgestimmt sind, häufig genug gewechselt und bei der Montage, Wartung oder Reinigung nicht beschädigt werden.

Aber was nützt perfekt gefilterte Luft, wenn sie in einen Raum strömt und den dort vorhandenen Staub aufwirbelt? Um das zu vermeiden, soll Reinluft in **Sterilräume** und sterile Arbeitsbänke „laminar" einströmen (**LF**, **Laminarflow**), das bedeutet *unverwirbelt*. Damit diese gleichmäßigen Luftströme nicht unnötig gestört werden, dürfen in solchen Räumen oder Arbeitsbänken (Clean Benches, siehe *Kapitel 8.D*) nicht unnötig viele Gegenstände herumstehen – auf gar keinen Fall vor dem Luftauslass!

Durch ausgeklügelte **Druckdifferenzen** zwischen Räumen unterschiedlicher Reinheitsklassen stellt man sicher, dass nur reinere Luft in unreinere Bereiche strömen kann, und nicht umgekehrt.

Manche Produkte können nur in einem bestimmten **Temperatur**- und **Luftfeuchtebereich** verarbeitet werden. In diesem Falle muss die Raumluft klimatisiert und die **Umgebungsbedingungen** müssen überwacht werden.

7.A.2.2 Quellenabluft/Staubabsaugung

Ob beim Öffnen von Gebinden für den Musterzug, beim Einwiegen von Wirk- und Hilfsstoffen, beim Befüllen oder Entleeren während der Verarbeitung fester Arzneimittel: Auch bei vorsichtiger Arbeitsweise kann es zu Staubentwicklung kommen. Um die Verteilung solcher Stäube im Raum, auf Geräten, Gebinden und Arbeitskleidung zu vermeiden, sind effiziente Systeme zur Staubabsaugung an den Quellen der Staubentstehung nötig.

Mobile Staubsauger haben den Nachteil, dass sie leicht selbst zu Staubschleudern werden. Weil viele Pharmastäube explosiv, brennbar oder toxisch sind, müssen **festinstallierte und mobile Absaugsysteme** einerseits entsprechende Sicherheitsbestimmungen erfüllen und andererseits eine einfache Filterreinigung erlauben, ohne den Technikbereich zu kontaminieren.

Bei beiden Systemen stellen die im Raum verwendeten Schläuche, Rohre und Endstücke (Ringabsaugung, Ablufttrichter, o.ä.) eine große **Kreuzkontaminationsgefahr** (siehe *Kapitel 8.B.1*) dar, wenn sie nicht gut und leicht zu reinigen sind.

7.A.2.3 Wassersysteme und Dampf

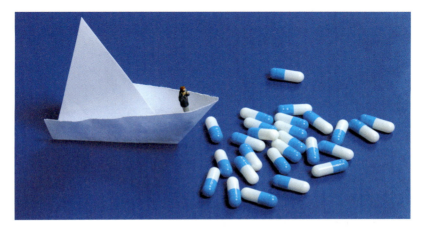

Ob als Einsatzstoff in der Produktion, als **Rohstoff** für die Dampferzeugung oder zur **Reinigung** von Räumen, Geräten und Händen: Wasser wird überall im Pharmabetrieb benötigt. Allerdings darf nicht für jeden Zweck das gleiche Wasser verwendet werden. Im Pharmabereich werden verschiedene Wasserqualitäten unterschieden:

- **Trinkwasser** dient zum Vorspülen bei der Gerätereinigung und als Ausgangsstoff für die weiteren Wasserqualitäten.
- **Gereinigtes Wasser** (Aqua Purificata, vollentsalztes Wasser, deionisiertes Wasser) dient zur Reinigung von Anlagen, zum Vorspülen von Geräten für Sterilprodukte, zur Herstellung von nichtsterilen Produkten und zur Herstellung von Wasser für Injektionszwecke.
- **Hochgereinigtes Wasser** (Highly Purified Water) dient z.B. zur Herstellung von Augen-, Nasen- und Ohrenarzneimitteln.
- **Wasser für Injektionszwecke** (**WFI**, destilliertes Wasser, Water for Injection) dient zur Endspülung von Geräten und Behältern für Sterilprodukte, zur Herstellung von Sterilprodukten und zur aseptischen Fertigung.

Die Herstellungsverfahren, Prüfungen und Grenzwerte für die unterschiedlichen Wasserarten sind für Europa im **Europäischen Arzneibuch** (siehe *Kapitel 3.E.5*) genau beschrieben und daher verbindlich einzuhalten.

Herstellung und Prüfung sind jedoch nur erste Schritte in der hohen Kunst des Pharmawassers. Wasser ist schließlich die Grundlage allen Lebens – auch das der Mikroorganismen. Wo Wasser ist, sind fast immer auch Bakterien. Daher ist die **sachgerechte Lagerung** des so sorgfältig aufbereiteten Wassers und die **Verteilung bis an die Entnahmestellen** von enormer Bedeutung: Überall lauert Kontaminationsgefahr! Planung, Installation, Qualifizierung, Betrieb und fortlaufende Überwachung von Pharma-Wasseranlagen erfordern daher fundierte Fachkenntnis.

Wasserdampf wird in der Pharmazeutischen Produktion in Form von **Reindampf** verwendet, meist für Sterilisationszwecke: in **Autoklaven** (Dampfsterilisatoren) oder zum Ausdämpfen von Wassersystemen, Anlagen (**SIP**-Systeme, siehe *Kapitel 7.B.1*), Rohrleitungen, Tanks und Behältern. Die Dampferzeugung und -qualität ist für diese Prozesse kritisch und erfordert auch aus sicherheitstechnischen Gründen (Hitze, Überdruck) technisch durchdachte Lösungen.

7.A.2.4   Abwasser

Abwasser kann zu einer Kontaminationsquelle für Räume oder Anlagen werden. Deswegen dürfen Abwasserschläuche oder -leitungen nicht direkt mit Maschinen verbunden sein – falls es zu einem Rückstau im Abwassernetz kommen sollte.

Bodeneinläufe müssen reinigungsfreundlich und desinfizierbar sein. Sie sollen während der Herstellung dicht verschlossen sein und nur zur Raumreinigung geöffnet werden. Bodeneinläufe sind in Reinraumklasse A und B nicht erlaubt (siehe *Kapitel 7.A.3.2*).

7.A.2.5   Medien (Prozessgase)

Für viele pharmazeutische Prozesse werden als Hilfsmittel Gase verwendet. Druckluft dient beispielsweise zum **Transport durch Rohrleitungen** und als Energiequelle für Druckluftventile. Stickstoff oder Kohlenstoffdioxid verwendet man als **Schutzgase**, d.h. man schützt Produkte vor Oxidation durch Luftsauerstoff, indem man mit diesen Gasen die restliche Luft aus Ansatztanks und Arzneifläschchen verdrängt (**Inertisierung**). Da Prozessgase entweder direkten Produktkontakt haben oder als Steuerdruckluft in die Raumluft entweichen, müssen sie spezielle Qualitätskriterien erfüllen. Für viele pharmazeutisch verwendete Gase gibt es Monographien im **Europäischen Arzneibuch** (siehe *Kapitel 3.E.5*). Die dort beschriebenen Qualitätsanforderungen müssen eingehalten werden.

Bei der Installation von Druckluftanlagen und **Verteilsystemen** für Prozessgase müssen Materialien und Verarbeitungsverfahren so ausgewählt werden, dass die Medien nicht verunreinigt werden, z.B. mit **Öl, Wasser oder Partikeln**.

Um bei **aseptischen Prozessen** (siehe *Kapitel 8.D*) keine Mikroorganismen einzuschleppen, müssen die dort verwendeten Gase steril sein. Die Verteilsysteme müssen in diesem Falle entsprechende Gasfilter enthalten, die sterilisierbar sind.

Dass die Medien-Versorgungsanlagen alle Anforderungen erfüllen, muss durch Anlagenqualifizierung gezeigt und danach fortlaufend überprüft werden.

7.A.2.6   Beleuchtung und Elektroinstallation

Die Art der Beleuchtung muss zur entsprechenden Tätigkeit passen: der Gesetzgeber verlangt ausdrücklich, dass bei **visuellen Prüfungen** eine geeignete Beleuchtung vorhanden ist. Bei der Installation von **Beleuchtungskörpern** in Herstell- oder Lagerbereichen ist vor allem darauf zu achten, dass sie **leicht zu reinigen** sind und sich kein Staub ansammeln kann.

Welche Elektroversorgung in Herstell- und Lagerräumen erforderlich ist, hängt von deren Nutzung und der Art der installierten Maschinen ab. Schaltschränke sollten grundsätzlich in Technikbereichen installiert werden, da sie dort für Wartungsarbeiten einfacher zugänglich sind (*kein Einschleusen* erforderlich). Für Schaltschränke *innerhalb* von Produktionsräumen sollte zuvor das **Qualitätsrisiko** genau abgeschätzt werden (siehe *Kapitel 4.C.3*); auch müssen sie entsprechend der Hygienezone leicht zu reinigen sein.

7.A.3   Zonenkonzept und Reinraumklassen

Würde jemand die Straßenschuhe im Geschirrschrank aufbewahren oder eine Sahnetorte im Badezimmer zubereiten (direkt neben Kamm und Rasierapparat), dann empfänden das die meisten Menschen als unhygienisch. Wir haben uns nämlich daran gewöhnt, unsere Wohn- und Nebenräume jeweils für spezielle Tätigkeiten zu gebrauchen. Man nutzt die Küche anders als Bad und Schlafzimmer. Die Räume sind ja auch unterschiedlich ausgestattet: In Küche und Bad hat man eher glatte Flächen, die man gut feucht reinigen kann, während Wohn- und Schlafzimmer oft gemütlich mit Teppich und Textilien ausgestattet sind. Hier muss auch seltener gewischt werden, meist reicht der Staubsauger.

Ähnlich ist es in einem Pharmabetrieb: Auch hier gibt es eine zweckmäßige Einteilung der Räumlichkeiten in definierte Bereiche (**Hygienezonen, Reinheitszonen**) hinsichtlich ihrer Funktion und ihrem Hygienestatus – das **Zonenkonzept.** Herstellungs- und Verpackungsräume sind meist *reinere* Zonen als Lager-, Qualitätskontroll-, Nebenbereiche und Büros.

7.A.3.1   Hygienezonen

Die einzelnen Hygienezonen unterscheiden sich

- in der *Art der Ausstattung*: Reinere Räume sind nur sparsam möbliert und alles muss glatt und fugenfrei sein, damit sich kein Schmutz ansammeln kann (siehe *Kapitel 7.A.1*).

- in der *Art der Belüftung*: In reineren Räumen ist die Luft speziell gefiltert (siehe *Kapitel 7.A.2.1*) und überwacht (**Monitoring**, siehe *Kapitel 7.A.4*). Auch Luftdruck und Luftwechsel unterscheiden sich von anderen Räumen. Wichtig ist, dass keine ungefilterte Luft aus angrenzenden Räumen unkontrolliert einströmen kann.

- in der *Art der Nutzung*: Je reiner der Raum, desto weniger darf „herumstehen". Nur das aktuell benötigte Material darf sich im Raum befinden. Abfälle sind sofort zu verpacken und zeitnah aus dem Raum zu entfernen (siehe *Kapitel 7.A.5.2*).

- in der *Art der Reinigung*: In reineren Räumen ist meist intensivere und häufigere Reinigung und Desinfektion vorgeschrieben (siehe *Kapitel 7.A.5*).

- bezüglich *Mitarbeitern*: Nur speziell ausgebildete Mitarbeiter dürfen diese Räume betreten (**Zugangsberechtigung**). Außerdem sollen sich möglichst wenige Personen in reinen Räumen aufhalten.

- bezüglich *Bekleidung*: Für jede Zone muss eine spezielle Hygienekleidung (Hosen, Kittel, Overalls, Schuhe, Kopfbedeckung, Mundschutz, Bartbedeckung, Handschuhe) vorgeschrieben sein (**Bekleidungskonzept**). Je reiner die Raumklassen, desto vollständiger müssen Haut und Haare abgedeckt sein.

  Die **Bekleidungsvorschriften** müssen von jedermann genau eingehalten werden. Auch wenn eine Hygienezone nur kurzfristig betreten oder verlassen wird, muss dazu in der Schleuse (siehe *Kapitel 7.A.3.3*) die vorgeschriebene Kleidung an- bzw. abgelegt werden. Dies gilt auch für Vorgesetzte, Mitarbeiter von Fremdfirmen und Besucher (z. B. Kunden, Inspektoren).

 Je offener das Produkt, desto geschlossener die Kleidung!
Hygienekleidung stets vollständig und korrekt tragen!

7.A.3.2 Reinräume

Besonders strenge Anforderungen gelten für die **sterile oder aseptische Herstellung** von Arzneimitteln. Schon kleinste Verunreinigungen in diesen Arzneiformen können Patienten in Lebensgefahr bringen. Deswegen dürfen solche Arzneimittel nur in speziellen **Reinräumen** hergestellt werden. Die einzelnen Fertigungsschritte dieser Produkte müssen in genau definierten und überwachten **Reinraumklassen** erfolgen. Für die Einteilung in Reinheitsklassen misst man einerseits Anzahl und Größe der **Staub-Partikel** in der Raumluft, aber auch die **Keime** in der Luft und auf Oberflächen. Die Bezeichnungen für die vier Reinraumklassen sind unterschiedlich: Die FDA bezeichnet mit Zahlen (**Klasse 100 000**, 10 000, 1000 bzw. 100), während die EU-Richtlinien die Buchstaben D, C, B und A verwenden. In **Klasse D** werden beispielsweise Ansatzlösungen vorbereitet, die später sterilisiert werden können, während in der reinsten **Klasse A** (Klasse 100) nicht einmal Personen anwesend sein dürfen, weil dort besonders gefährdete Produkte abgefüllt werden. Diese Reinheitsklasse erreicht man bei-

© Maas & Peither AG – GMP-Verlag

spielsweise mit Hilfe von **Isolatoren**. Das sind komplett von der Umwelt abgedichtete Kammern rund um eine Abfüllanlage, in die nur von außen mit Hilfe von Greifern, festmontierten Handschuhen (daher auch „Glove-Box") oder Halbanzügen eingegriffen werden kann. Da solche Systeme nicht nur das Produkt, sondern auch das Bedienpersonal ideal schützen, sind sie für die Verarbeitung **hochaktiver Wirkstoffe** (Stoffe, von denen bereits allerkleinste Produktreste die Mitarbeiter gefährden würden) ebenfalls geeignet.

Wo keine komplette Isolation der Anlage nötig oder möglich ist, schützt man die Anlagenteile, die offenes Produkt abfüllen, indem man sie mit speziell gefilterter Luft überströmt (**Laminar Flow**, d.h. Luftströmung, die keine Wirbel erzeugt). Bei sogenannten **RABS**-Konzepten (**R**estricted **A**cces **B**arrier **S**ystem, Barrieresystem mit begrenztem Eingriff) ist die Abfülleinrichtung zwar nicht komplett von der Umwelt isoliert, aber eine Verunreinigung durch Personal ist kaum noch möglich, da Eingriffe nur durch fest verbundene Handschuh-Ärmel-Systeme möglich sind.

Für manuelle Tätigkeiten unter Reinraumbedingungen werden spezielle Arbeitskabinen verwendet, die mit hochleistungs-filtrierter (**HEPA**, siehe *Kapitel 7.A.2.1*), laminarer Luft durchströmt werden. Wenn der Produktschutz im Mittelpunkt steht, werden sie als **Clean Bench** oder **LF-Bank** bezeichnet. **Sicherheitswerkbänke** müssen verwendet werden, wenn zusätzlich Mitarbeiterschutz wichtig ist, z. B. bei der Verarbeitung von Krebsmedikamenten (Zytostatika) oder hochaktiven Stoffen.

7.A.3.3   Schleusen

Damit Schmutz, Staub und Bakterien nicht einfach zusammen mit Mensch oder Material in reine Räume gelangen können, darf der Übergang von einer Hygienezone in eine andere nur über **Schleusen** möglich sein. Schleusen sind geschlossene Räume mit mindestens zwei Türen, die sich zwischen Räumen verschiedener Reinheitsklassen befinden. Sie dienen dazu, möglichst viele Verunreinigungen zurückzuhalten.

Das funktioniert aber nur, wenn sich wirklich *alle Personen* bei *jedem Zonenwechsel* umkleiden und die Hände waschen bzw. desinfizieren – auch Handwerker, externes Servicepersonal, Vorgesetzte, Besucher und Inspektoren.

Damit die Hygienebekleidung nicht beim Anziehen verschmutzt wird, weil sie z. B. die Straßenbekleidung oder den Boden berührt, muss die sogenannte **Umwandlung** (**Gowning**) geschult, eingeübt und genau so durchgeführt werden, wie in einer Verfahrensanweisung (SOP) beschrieben. Dabei kommt es sogar auf die **genaue Reihenfolge** an, in der Kleidung und Schuhe getauscht, Haar-oder Kragenhaube aufgesetzt, die Hände gewaschen und desinfiziert und die Handschuhe angelegt werden.

Selbstverständlich darf die Reinraum-Bekleidung nie außerhalb des Reinraumes getragen werden!

Damit Verunreinigungen nicht einfach über die Luft in die höhere Reinheitsklasse eindringen, verhindert eine **gegenseitige Verriegelung** (oft mit Ampel oder akustischem Signal), dass Schleusentüren gleichzeitig geöffnet werden können.

Geräte, Materialien und Werkzeuge müssen in **Materialschleusen** von staubigen Umverpackungen befreit und gereinigt (ggf. desinfiziert) werden. Oftmals wird auch umpalettiert, z. B. von Holz- auf Kunststoff-, Alu- oder Edelstahlpaletten. Beim Übergang in Reinraumklassen B/A werden sämtliche Materialien sogar sterilisert, sterilfiltriert oder zumindest desinfiziert.

Schleusen sollen möglichst viel Schmutz und Keime zurückhalten.

7.A.4   Monitoring

Wenn Produkte gefertigt werden, die besonders leicht verkeimen, muss in regelmäßigen Zeitabständen überprüft werden, ob und wie viele Mikroorganismen in Produktionsräumen, auf Anlagen und an Mitarbeitern vorkommen (**mikrobiologisches Monitoring**). Anhand der Ergebnisse kann man erkennen, ob die festgelegten Hygienemaßnahmen ausreichend sind und ob sie auch tatsächlich im Arbeitsalltag gelebt werden.

Je nachdem, welche Stellen im Rahmen des Monitorings überprüft werden sollen, werden verschiedenen Methoden eingesetzt. Beim Personal nimmt man mit Hilfe von festen Nährböden oder Klebestreifen Proben von Händen, Handschuhen und Unterarmen (**Abklatschtest**). Auch für Oberflächen werden meist Abklatschtests benutzt. Die Nährboden-Platten, Streifen oder Folien werden anschließend in Klimaschränken bebrütet und im mikrobiologischen Labor ausgewertet.

Die Raumluft spielt ebenfalls eine entscheidende Rolle für die Übertragung von Keimen auf Produkte. Weil Staubpartikel beliebte Aufenthaltsorte für Bakterien sind, ist es oft schon aussagekräftig genug, die Partikelzahlen zu messen, die innerhalb einer bestimmten Zeit aus der Raumluft durch spezielle Messgeräte gesaugt werden (**Partikelzähler, Luftkeimsammler**). Alternativ können für bestimmte Zeiträume Nährbodenplatten aufgestellt werden, auf denen sich Partikel und Keime aus der Luft absetzen (**Sedimentationsverfahren**).

7.A.5   Hygieneplan

Auch wenn alle baulichen Voraussetzungen gegeben sind, damit Produkte vor Verunreinigungen geschützt sind, so sind zusätzlich täglich fortlaufende Anstrengungen notwendig, um Staub und Bakterien in Schach zu halten. Was genau zu tun ist, hängt wiederum von der Art der gefertigten Produkte ab.

Damit alle Hygienemaßnahmen in den unterschiedlichen Hygienezonen gut zusammenpassen und nichts übersehen wird, müssen sie in einem **Hygiene-**

plan (**Hygieneprogramm**) festgelegt sein. Dieses übergeordnete Dokument beschreibt zusammenfassend alle Maßnahmen

🔖 der **Produktionshygiene**: Zonenkonzept, Raumreinigung und -desinfektion, Schädlingsbekämpfung, Abfallbeseitigung, mikrobiologische Überwachung von Luft und Oberflächen und

🔖 der **Personalhygiene**: Bekleidungskonzept, inkl. Angaben zur Tragezeit der Bekleidungsstücke, Hygieneschulung mit Händedesinfektion und Schleusentraining, Gesundheitsüberwachung (Eingangsuntersuchung und Meldung von Infektionskrankheiten).

Standardarbeitsanweisungen (SOPs) beschreiben dann detailliert jede einzelne Maßnahme, z.B. wie genau die **Gesundheitsüberwachung** abläuft und wer dafür verantwortlich ist.

7.A.5.1   Reinigung und Desinfektion

Wann etwas „sauber" ist und *wie* „sauber" es überhaupt sein muss, empfindet jeder Mensch anders. Das kann im privaten Umfeld immer wieder Anlass für Diskussionen sein, ist aber meist nicht gesundheitsbedrohlich.

Im Pharmabereich ist das anders: Hier darf es nicht *Glückssache* für den Patienten sein, dass sein Medikament zufällig gefertigt wurde nachdem gerade einmal gründlich gereinigt worden war.

 Keime und Kontaminationen sind eine unsichtbare Gefahr.

Deswegen ist es sehr wichtig, dass es für die Reinigung und die Desinfektion von Räumen, Anlagen und Ausrüstung detaillierte Vorschriften gibt, die festlegen,

🔖 wer reinigt,

🔖 wann und wie häufig gereinigt wird (täglich? wöchentlich? nach Abschluss der Arbeit?),

🔖 welche Materialien (z.B. Putztücher, Mops, Sprühflaschen, Drei-Eimer-Wischwagen) und Reinigungs-/Desinfektionsmittel dazu zu verwenden sind,

🔖 wie das Reinigungsmittel verdünnt werden muss und wie lange das verdünnte Mittel aufbewahrt werden darf, damit es nicht selbst Brutstätte für Keime wird,

🔖 wie lange gereinigt/desinfiziert wird (**Einwirkzeit**), und welches Wisch-Schema dabei zu befolgen ist, z.B. Wände von oben nach unten, und Böden von der hintersten Ecke nach vorne,

🔖 wie mit den Reinigungsutensilien (Lappen, Mops) nach Gebrauch umgegangen werden muss (Einmalartikel sofort entsorgen, Mehrfachartikel waschen, desinfizieren bzw. sterilisieren).

Reinigungsverfahren führen nur dann reproduzierbar zum gewünschten und notwendigen Reinigungserfolg, wenn die Reinigungsanweisungen in allen Einzelheiten *genau* befolgt werden. Da es nicht für Jedermann offensichtlich ist, *warum* diese präzisen Vorgaben einzuhalten sind und worauf es genau ankommt, müssen Reinigungsverfahren in Pharmabetrieben regelmäßig in Schulungen geübt werden.

7.A.5.2 Abfallbeseitigung und Schädlingsbekämpfung

Ob gebrauchte Einmalartikel (z.B. Handschuhe, Hauben, Wischlappen), verschüttetes Material oder Verpackungsmüll: Wo Abfälle herumstehen, sammelt sich Schmutz an.

Deswegen muss ein **Abfallkonzept** regeln, wo und worin bei der Arbeit entstehende Abfälle kurzfristig deponiert werden, wer diese Behältnisse wie häufig aus den Hygienebereichen zu den Sammelstellen bringt und wie die weitere Abfalltrennung und Entsorgung abläuft. Um jegliche Verwechslungsgefahr zu vermeiden, müssen Abfallbehältnisse deutlich **gekennzeichnet** sein. Auf keinen Fall dürfen leere Produktbehältnisse (z.B. Säcke, Fässer) als Abfallbehälter verwendet werden, weil der Müll sonst irrtümlich im Produkt landen könnte!

Auch Schädlinge können pharmazeutische Produkte gefährden: Sie fressen Packmaterial und Rohstoffe und ihre Ausscheidungen verunreinigen Produkte und Oberflächen. Manchmal sind es nur winzige Eier, die an Paletten oder Kartonage kleben, und auf diese Weise unbemerkt vom Lager bis in Fertigungsräume gelangen. Daher ist es erforderlich, dass es für Lager- und Herstellungsräume ein **Schädlingsbekämpfungskonzept** (**Pest Control**) in Form einer SOP gibt, in dem z.B. beschrieben ist, an welchen Orten Fallen aufgestellt, wie häufig sie kontrolliert werden und welche Maßnahmen bei Befall zu treffen sind.

7.B Welche Anforderungen gelten für Anlagen und Geräte?

Für die Herstellung, Verpackung, Lagerung, Transport und Qualitätskontrolle von Arzneimitteln gibt es eine Vielzahl von Maschinen und Geräten. Viele davon sind speziell für bestimmte Arzneiformen konzipiert, andere sind sehr universell einsetzbar. Manche Geräte sind sowohl für kleinere als auch für größere Produktionsmaßstäbe geeignet. Bei modernen Produktionsanlagen ist der Automatisierungsgrad oft sehr hoch, während Altanlagen noch viele manuelle Eingriffe und Kontrollen erfordern. Es gibt vom Gesetzgeber keine festen Vorgaben, *welche* Maschinen und Geräte verwendet werden müssen – stattdessen verlangt das Gesetz, dass Pharmaunternehmen für ihre jeweils vorhandene Ausrüstung nachweisen, dass sie tatsächlich für die produzierten oder zu prüfenden Arzneimittel geeignet sind (**Qualifizierung**, siehe *Kapitel 7.D*).

Darüber hinaus muss die Firma genau festlegen, was alles getan wird, damit die Anlagen und Geräte auch *geeignet bleiben*. Dazu sind die folgenden Maßnahmen erforderlich:

- Status-Kennzeichnung: z.B. „gereinigt am…", „in Wartung", bzw. Produkt-/ Chargenbezeichnung (siehe *Kapitel 8.B.2.2*)
- Identifizierung aller Anlagenteile und Messstellen mittels Gerätenummern und Messstellen-Nummern; diese Nummern müssen bei Verwendung in das jeweilige Herstellungs-, Verpackungs- oder Prüfprotokoll eingetragen werden
- regelmäßige Instandhaltung gemäß Wartungsplan und Wartungsvorschrift und detaillierte Dokumentation aller ausgeführten Wartungs- und Reparaturarbeiten in der Gerätedokumentation (siehe *Kapitel 7.E*)

- unverzügliche Eintragung sämtlicher Tätigkeiten (Herstellung, Prüfung, Reinigung, Wartung, Reparatur, Außerbetriebnahme usw.) im Gerätelogbuch (siehe *Kapitel 6.D*)
- Bewertung und Genehmigung jeder Änderung gemäß **Change Control-SOP** *bevor* die Änderung an der Anlage ausgeführt wird (siehe *Kapitel 4.C.5*)
- Reinigung und Kalibrierung, wie nachfolgend beschrieben

7.B.1 Reinigung und Reinigungsvalidierung

Ob Raumreinigung (siehe *Kapitel 7.A.5.1*) oder **Anlagenreinigung** – viele Grundregeln gelten in beiden Fällen. Deswegen werden hier nur einige Besonderheiten erwähnt, die speziell beim Reinigen von **Anlagen**, **Behältern** und **Geräten** gelten. Selbstverständlich müssen auch Produktionsanlagen gemäß detaillierter Reinigungsvorschrift zerlegt, gereinigt und nachgespült werden.

Auch Anlagen, Anlagenteile und Behälter, die immer wieder für dasselbe Produkt verwendet werden (**dedicated equipment**) müssen in festgelegten Abständen zwischengereinigt werden, damit sich keine **Zersetzungsprodukte** oder mikrobiellen Verunreinigungen ansammeln.

Nicht alle Anlagen müssen *manuell* gereinigt werden. Manche Produktionsanlagen haben eingebaute Reinigungsdüsen, die im zusammengebauten Zustand vor Ort eine gute bis sehr gute Vorreinigung erlauben (**WIP**, Washing in Place). **CIP**-Systeme (**Cleaning in Place**) ermöglichen sogar komplett vollautomatische Reinigungen. Eine automatische Sterilisation bezeichnet man als **SIP**-System (**Sterilization in Place**, siehe *Kapitel 7.A.2.3*). Um sicherzustellen, dass die Anlage danach wirklich frei von Rückständen bzw. keimfrei ist, müssen solche Reinigungssysteme qualifiziert (siehe *Kapitel 7.D*) und die Reinigungs- bzw. Sterilisationsprogramme validiert (siehe *Kapitel 8.F.1*) werden.

Generell müssen Reinigungsverfahren für **Ausrüstung** und **Oberflächen**, die direkt mit Produkt in Kontakt kommen, **validiert** werden. Man überprüft dabei, ob bei korrekter Anwendung der Reinigungsmethode die Maschine oder Oberfläche tatsächlich frei von Vorprodukt ist. Nicht jedes Produkt und jede Rezeptur lassen sich aber gleich gut von einer Oberfläche oder aus einem Behälter entfernen. Deswegen muss bei **neuen Rezepturen** zunächst überprüft werden, ob die Geräte mit der bisher verwendete Reinigungsmethode wirklich sauber werden oder aber mittels empfindlicher analytischer Methoden noch Verunreinigungen nachweisbar sind (**Reinigungsvalidierung**).

Und damit der Schmutz wirklich keine Chance hat, ist es eine wichtige Aufgabe des Personals, die Anlage und Geräte nach jeder Reinigung und vor jeder Benutzung mit den Augen auf Sauberkeit zu kontrollieren (**visually clean**): besonders genau prüft man dabei die Stellen, die schwer zu reinigen sind, z.B. Schaugläser, Ansatzstutzen und Dichtungen!

Nach der Reinigung müssen Behälter und Anlagenteile sorgfältig getrocknet werden, damit sich Bakterien nicht in kleinen Feuchtigkeitsresten vermehren können, die dann allesamt im Folgeprodukt landen würden. Bis zur erneuten Verwendung wird die Ausrüstung vor Verschmutzung geschützt gelagert.

7.B.2 Kalibrierung

Bei der Arzneimittelherstellung und -prüfung, aber auch bei der Lagerung ist man auf korrekte Messwerte angewiesen: Temperaturen, Gewichte, Umdrehungszahlen oder Drücke können den Herstellungs- oder Verpackungsprozess stark beeinflussen und die Haltbarkeit bei Lagerung hängt wesentlich von Temperatur und Luftfeuchte ab.

Um zu gewährleisten, dass angezeigte oder ausgedruckte Messwerte tatsächlich „richtig" sind, müssen **Messgeräte** und **Messanzeigen** regelmäßig kalibriert werden. Man vergleicht dazu in regelmäßigen Abständen die angezeigten Messwerte mit den Messwerten eines **Kalibrierstandards**, der eine höhere Genauigkeit hat. Anlagen mit überfälliger Kalibrierung dürfen nicht verwendet werden.

Die **Kalibriervorschrift** enthält die notwendigen Angaben über Kalibrierstandards, erlaubte Toleranzen und Kalibriertermine. Wenn die Ergebnisse dabei von den vorgegebenen Toleranzen abweichen, müssen umgehend die zuständigen Personen, z. B. die Leiter von Herstellung, Qualitätskontrolle oder Qualitätssicherung verständigt werden. Da die zuletzt gemessenen Werte ja nicht korrekt waren, ist eine Risikobetrachtung (siehe *Kapitel 4.C.3*) erforderlich. Das Messgerät muss dann **justiert** werden, das bedeutet, dass das Messsystem so eingestellt wird, dass die Anzeige dem Referenzwert möglichst nahe kommt. Über Kalibrierungen und Justierungen müssen detaillierte Aufzeichnungen geführt werden.

Nicht verwechselt werden dürfen die Begriffe „Kalibrieren" und „Eichen": **Eichen** ist eine amtliche Kalibrierung durch das Eichamt und für bestimmte Messgeräte gesetzlich vorgeschrieben, z. B. auch für bestimmte Waagen in der Herstellung.

7.C Welche Anforderungen gelten für Computergestützte Systeme (IT-Systeme)?

Kaum eine im Unternehmen ausgeführte Arbeit kommt ohne computergestützte Systeme aus. Ob Datenerfassung, Datenbearbeitung, Datenübertragung, Steuerung, Messung, Regelung oder Archivierung – überall verlassen wir uns auf die einwandfreie Funktion von Hardware und Software. Damit dieses Vertrauen in die Computerdaten auch gerechtfertigt ist, muss die Firma nachweisen, dass das IT-System genau das tut, was von ihm erwartet wird (**Computervalidierung**). Gerade bei automatisierten Produktionsmaschinen und Software für die Anlagensteuerungen sind solche systematischen Tests die Voraussetzung für eine sichere und stabile Funktion der Anlagen.

Auch muss der Zugang zu IT-Systemen bzw. der Zugriff auf elektronische Daten genau geregelt sein. Das bedeutet, dass nur solche Personen Zugriffsrechte haben dürfen, die für die speziellen Anwendungen geschult sind. Mit Hilfe von **Benutzerrollen** müssen die unterschiedlichen Berechtigungen genau festgelegt sein: Wer darf Daten eingeben oder ändern? Wer darf genehmigen? Wer ist leseberechtigt oder wer darf ausdrucken?

Passwörter, Tokens, Chipschlüssel oder andere Mittel zur Authentifizierung von Benutzern dürfen niemals an andere Personen weitergegeben oder von mehreren Personen gemeinsam benutzt werden.

 Passwörter und Identifizierungsschlüssel sind wie Unterschriften; sie dürfen nur persönlich vom Eigentümer verwendet werden!

Daten, die in Computersystemen erfasst werden, müssen prinzipiell genauso behandelt werden, wie *Papierdaten*. Das bedeutet, dass auch Computerdaten vor Veränderung geschützt sein müssen. Unbeabsichtigtes oder beabsichtigtes Löschen oder Überschreiben darf nicht möglich sein. Wenn eine **Datenänderung** durch bestimmte Benutzer möglich ist, dann zeichnet das Computersystem im Hintergrund die alten und die neuen Daten auf, sowie den Zeitpunkt der Änderung und den Benutzer (**Audit Trail**).

Änderungen an den IT-Systemen unterliegen dem Change-Control-Verfahren (siehe *Kapitel 4.C.5*). Dazu gehören auch Software-Updates.

Um sicherzustellen, dass eine Pharmafirma weiterarbeiten kann, auch wenn ein IT-System ausfällt, sind bestimmte Sicherheitsmaßnahmen zur *Datenrettung* vorgeschrieben, wie **Backup-Verfahren** und **Recovery**.

7.D Was ist Qualifizierung?

Alle Gebäude, Räume, Geräte und Maschinen im GMP-Bereich müssen **qualifiziert** sein – das bedeutet: es muss gezeigt werden, dass sie für den vorgesehenen Zweck geeignet sind.

Da es unterschiedliche Möglichkeiten gibt, Qualifizierungen zu organisieren, muss das Unternehmen zunächst einmal in einem übergeordneten Dokument

(**Validierungsmasterplan** oder **Qualifizierungsmasterplan**) beschreiben, wie der Ablauf und die Verantwortlichkeiten im eigenen Betrieb geregelt sind: Dort ist beispielsweise festgelegt, wer im **Qualifizierungsteam** mitarbeitet, wer für die Erstellung und Genehmigung der Qualifizierungsdokumente verantwortlich ist und welche Tätigkeiten in den einzelnen **Qualifizierungsphasen** erledigt werden müssen:

7.D.1 Design Qualification (DQ)

Zuerst legt man die Anforderungen an das neue Gerät oder den neuen Raum fest: Welche Anforderungen hat der Benutzer (**User Requirements**)? Was soll das Gerät leisten, welche Funktionen soll es besitzen (**Lastenheft**)? Auch Anforderungen an Materialien, Konstruktion oder Steuerung müssen an dieser Stelle definiert werden. Der Lieferant der Anlage erstellt dann ein **Pflichtenheft**, in dem festgehalten ist, was die angebotene Ausrüstung kann. Das Qualifizierungsteam gleicht dieses Pflichtenheft mit dem eigenen Lastenheft ab und meldet gegebenenfalls Änderungswünsche an. **Risikoanalysen** helfen bei der Einschätzung, welche Anlagenfunktionen qualitätskritisch sind (siehe *Kapitel 4.C.3*).

7.D.2 Installation Qualification (IQ)

Während der Installationsqualifizierung wird die neue Anlage aufgebaut und an die hausinternen Medien (Strom, Wasser, Druckluft o.ä.) angeschlossen. Dabei wird anhand einer Checkliste überprüft, ob auch alles Notwendige vorhanden ist und zusammenpasst. Alle Systemkomponenten werden identifiziert und mit hausinternen ID-Nummern versehen. Auch die Gerätedokumentation (z.B. Bedienungsanleitung, Ersatzteilliste, Zeichnungen) wird auf Vollständigkeit überprüft.

7.D.3 Operational Qualification (OQ)

Während der Funktionsqualifizierung wird die fertig aufgebaute und angeschlossene Anlage in Betrieb genommen und getestet. Überprüft werden sowohl die in der DQ spezifizierten Funktionen als auch alle Alarmfunktionen. Besonderes Augenmerk gilt hier den oberen und unteren Grenzen, in denen das System noch einwandfrei arbeitet (**worst case**). Während der OQ darf noch nicht mit Arzneimitteln gearbeitet werden, die für den Handel vorgesehen sind. Es wird meist nur mit Wasser oder wirkstofffreien Dummy-Rezepturen (**Placebo**) getestet. In dieser Phase werden außerdem die Bedienungs-, Reinigungs- und Wartungs-SOPs geschrieben und die zukünftigen Benutzer geschult.

7.D.4 Performance Qualification (PQ, Leistungsqualifizierung)

Dieser letzte Schritt ist besonders für komplexe Anlagen wichtig, wie beispielsweise eine Abfüllmaschine in der Sterilherstellung. Die PQ soll zeigen, dass die Ausrüstung in der Lage ist, die geforderte Leistung produktbezogen und unter realen Produktionsbedingungen zu liefern. Für Pharmawasser- und Lüftungsanlagen werden Betriebsdaten sogar über mehrere Monate oder Jahre ausgewertet und mit den Anforderungen der DQ-Phase verglichen.

Alle diese Arbeiten und Prüfungen sind in den **Qualifizierungsplänen** und **Testplänen** für die einzelnen Stufen klar definiert. Jeder Qualifizierungsplan muss vor seiner Umsetzung genehmigt werden. Wenn während der Qualifizierung Änderungen oder Erweiterungen am Qualifizierungsplan notwendig sind, sind sie ebenfalls genehmigungspflichtig. Nach Durchführung der im Plan festgelegten Prüfungen werden die Ergebnisse ausgewertet und in einem Qualifizierungsbericht zusammengefasst. Erst wenn der OQ-Bericht von der dafür verantwortlichen Person genehmigt ist, darf die entsprechende Anlage zu GMP-Nutzung freigegeben werden.

Sobald ein Raum oder Gerät fertig qualifiziert ist, dürfen Veränderungen nur noch entsprechend der **Change-Control**-SOP (siehe *Kapitel 4.C.5*) vorgenommen werden. Bevor die Veränderung genehmigt wird, beurteilen die dafür verantwortlichen Personen, ob eine **Requalifizierung** notwendig ist. Das bedeutet, dass bestimmte Schritte der Qualifizierung wiederholt werden, um zu überprüfen, ob die Ausrüstung auch unter den geänderten Bedingungen noch geeignet und zuverlässig ist.

7.E   Worauf muss man bei Wartung und Instandhaltung achten?

Nur regelmäßig gewartete Anlagen und Geräte erfüllen den vorgesehenen Zweck, d.h. sind in qualifiziertem Zustand. Regelmäßige Wartung vermeidet Ausschuss und Maschinenstillstände, die verursacht werden könnten, wenn Verschleißteile nicht rechtzeitig gewechselt werden. Daher müssen Wartungsarbeiten immer zum festgelegten Zeitpunkt erfolgen. Der Wartungsauftrag (**Wartungsvorschrift**) muss alle für die Wartung vorgesehenen Tätigkeiten beschreiben. Nach Wartungs- oder Reparaturarbeiten müssen produktberührende Teile gereinigt werden. Nach Reparaturen kann es erforderlich sein, Messstellen neu zu kalibrieren oder Ersatzteile zu qualifizieren. Alle bei der Wartung oder Reparatur durchgeführten Arbeiten müssen sorgfältig und detailliert dokumentiert werden. Ungewöhnliche **Beobachtungen** jeglicher Art sind unverzüglich an die zuständigen Personen, z.B. Leitung der Herstellung, Leitung der Qualitätskontrolle oder Leitung der Qualitätssicherung zu berichten. Die Protokolle werden so archiviert, dass sie leicht auffindbar sind. Instandhaltungsdaten sollen auf **Tendenzen** analysiert werden, um entsprechende Korrekturmaßnahmen einzuleiten.

8 Herstellung (Verarbeitung und Verpackung)

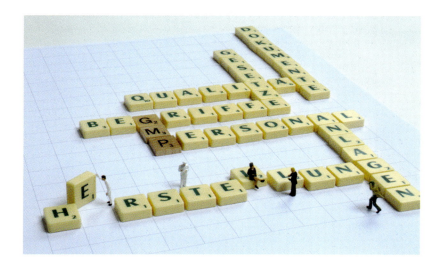

8.A Was ist zu beachten, bevor produziert werden kann?

Bis mit der Verarbeitung und Verpackung von Arzneimitteln begonnen werden darf, müssen viele Voraussetzungen erfüllt sein:

- Das Unternehmen muss eine Herstellungserlaubnis der lokalen Behörde haben (siehe *Kapitel 3.A*).

- Es muss ein schriftliches Qualitätsmanagementsystem geben, dass alle Arbeitsabläufe und Entscheidungen mit den Zuständigkeiten und Verantwortlichkeiten beschreibt (siehe *Kapitel 4.B.4*). Für extern vergebene Aufgaben muss es aktuelle Verantwortungsabgrenzungsverträge geben (siehe *Kapitel 4.C.2*).

- Es muss sachkundiges und geschultes Personal für die Herstellung, Verpackung und Prüfung zur Verfügung stehen, aber auch für Wartung, Reinigung und Lagerhaltung (siehe *Kapitel 5.A*).

- Für die Produktionsräume muss es ein Zonenkonzept und ein Hygieneprogramm geben, sowie Reinigungsvorschriften für alle Räume, Anlagen und Geräte. Außerdem müssen alle Räume und Geräte qualifiziert sein (siehe *Kapitel 7.A.3* ff).

Es muss detaillierte Herstell-, Verpackungs- und Prüfanweisungen für das herzustellende Produkt geben (siehe *Kapitel 6.C*). Diese internen Anweisungen müssen mit den Angaben in den Zulassungsunterlagen übereinstimmen, die bei den Zulassungsbehörden hinterlegt sind (siehe *Kapitel 3.B*).

Es müssen Wirkstoffe, Hilfsstoffe und Verpackungsmaterialien bei zuverlässigen (qualifizierten) Lieferanten eingekauft und sachgerecht gelagert werden (siehe *Kapitel 10.B.1*) – und zwar in genau der Qualität, die in den Zulassungsunterlagen beschrieben ist (siehe *Kapitel 6.B.2*, *Kapitel 10.B*).

Selbst wenn alle diese Rahmenbedingungen stimmen, verbleiben während der Herstellung immer noch einige Risikofaktoren, bei denen es auf besonderes Verantwortungsbewusstsein des Produktionspersonals ankommt.

8.B Welche besonderen Gefahren drohen bei Herstellung und Verpackung?

8.B.1 Kontaminationen

Kontaminationen sind Verunreinigungen, die von überall her in das Produkt oder seine Vorstufen gelangen können. Sie können die Qualität des Arzneimittels mindern und zu vorzeitigem Verderb führen. **Kreuzkontaminationen (Cross Contamination)** sind Verunreinigungen mit anderen Wirkstoffen oder Produkten.

Beide Kontaminationsarten müssen unbedingt vermieden werden.

Kontaminationen drohen besonders dann, wenn Produkte oder produktberührende Oberflächen offen sind.

Weil Verunreinigungen immer einen Weg finden und es so viele unterschiedliche Quellen dafür gibt, sind sehr viele Schutzmaßnahmen notwendig – und zwar alle gleichzeitig!

8.B.1.1 Kontaminationsquelle Mensch

Nur wenn die **Hygienekleidung** korrekt angelegt, vollständig geschlossen getragen und regelmäßig gewechselt wird, können Haare und Hautschuppen zurückgehalten werden. Bei **Produktwechsel** muss die Kleidung ebenfalls gewechselt werden – zumindest aber Handschuhe und Armstulpen, damit an der Kleidung anhaftender Produktstaub nicht ins Folgeprodukt gelangt. Persönliche Hygiene, sorgfältiges Händewaschen und -desinfizieren und regelmäßiger Handschuhwechsel bewirken, dass weniger Bakterien oder Mikroorganismen in Produkte gelangen können.

© Maas & Peither AG – GMP-Verlag

8.B.1.2   Kontaminationsquelle Material

Auch wenn die Ausgangsstoffe selbst analytisch einwandfrei sind, so haftet häufig Schmutz an den Behältern. Deswegen darf Material nur über die **Materialschleuse** (siehe *Kapitel 7.A.3.3*) in Wiege- und Produktionsbereiche eingebracht werden. Dort werden die verstaubten äußeren Kartonagen oder Folien entfernt und Paletten gewechselt oder das Gebinde von außen gereinigt. Behälter mit Rohstoffen oder (Zwischen-)Produkten sollen **grundsätzlich geschlossen** gehalten werden – denn dann kann nichts heraus stauben oder hineinfallen. Das gleiche gilt für leere, gereinigte Behälter. Bei hastigem und unbedachtem **Öffnen** (reißen, ungeeignetes Messer) von Verpackungen kann Inhalt heraus stauben oder Verpackungsschnipsel können hineinfallen.

8.B.1.3   Kontaminationsquelle Ausrüstung

Vorproduktreste aus Behältern und Anlagen, aber auch Reste von Reinigungsmitteln oder Spülwasser gehören nicht in das Folgeprodukt. Daher müssen die **Reinigungsanweisungen** (siehe *Kapitel 7.B.1*) exakt eingehalten werden, die speziell für das jeweilige Gerät oder die Anlage gelten. Die Konzentration des Reinigungsmittels, Einwirkzeit, Nachspüldauer bzw. –menge, Trocknungsdauer und anschließende trockene Aufbewahrung sind besonders wichtig. Die optische Überprüfung auf Sauberkeit (**visually clean**) nach der Reinigung und vor der nächsten Benutzung ist ein einfaches, aber sehr wirksames Mittel, um Schmutz zu erkennen und Kontaminationen zu vermeiden. Falls Schläuche, Dichtungen oder Filter schwer zu reinigen sind, dürfen sie immer nur für ein bestimmtes Produkt verwendet werden (**dedicated equipment**). Auch Schaufeln und Musterzugsbesteck müssen sauber gehalten werden. Sie dürfen nur nach gründlicher Reinigung für andere Produkte genutzt werden, um eine Übertragung von Produktresten zu vermeiden.

8.B.1.4   Kontaminationsquelle Raumluft

Lüftungsanlagen für Produktionsräume werden für viel Geld konzipiert, qualifiziert, gewartet und überwacht (siehe *Kapitel 7.A.2.1*). Dennoch hängt es vom korrekten Verhalten des Personals ab, ob dieser große Aufwand zum Ziel führt. Schon kleine Benutzungsfehler können das beste Belüftungssystem aushebeln: Offenstehende Türen machen die ausgeklügelten **Druckdifferenzen** und **Luftwechsel** zunichte und lassen Schmutz und Wirkstoffstäube ungehindert eindringen. Mit Materialien und Maschinen vollgestellte Räume oder zugestellte oder zugehängte Lufteinlässe verhindern, dass die Luft wie vorgesehen strömen kann. So kann sich trotzdem Staub ansammeln und verteilen. Auf keinen Fall dürfen zwei unterschiedliche Produkte gleichzeitig offen im selben Raum bearbeitet werden, denn sonst sind Kreuzkontaminationen vorprogrammiert.

 Gebinde, Anlagen und Räume wenn immer möglich geschlossen halten – dann kann nichts hineinfallen oder herausstauben.

8.B.2   Verwechslungen und Untermischungen

Ob Wirkstoffe, Pulvermischungen, fertige Tabletten oder Lösungen: Unterschiedliche Stoffe oder Mischungsverhältnisse sehen auf den ersten Blick oft gleich aus. Eine **Verwechslung** von zwei Produkten oder zwei Dosierungen desselben Wirkstoffes bei der Herstellung kann für den Patienten lebensbedrohliche Folgen haben, sofern es nicht bei der Endproduktkontrolle entdeckt wird. Noch schwieriger zu bemerken sind *einzelne* fremde Tabletten oder Kapseln in einem Produkt (**Untermischung**) oder einzelne falsch etikettierte Packungen. Deswegen müssen Verwechslungen und Untermischungen durch größtmögliche Sorgfalt vermieden werden.

Die vier wichtigsten Maßnahmen, um Verwechslungen und Untermischungen zu vermeiden:

8.B.2.1   Funktionelle Gestaltung von Material- und Personalflüssen

Wenn mehrere Produkte gleichzeitig in einem Raum gefertigt werden, könnte es zu **Verwechslungen** oder **Kreuzkontamination** kommen. Daher gilt die Regel: **One product per room** – Immer nur ein Produkt pro Raum.

Auch wenn sich die Wege **unterschiedlicher Fertigungsstufen** kreuzen, z.B. wenn sie in Bereitstellungsbereichen kurzfristig nebeneinander stehen, ist eine Verwechslung leicht möglich. Eine weitere Kontaminations- und Verwechslungsgefahr besteht, wenn Personal parallel mehrere Produkte bearbeiten muss. Daher sollen bereits die Räume so genutzt und die Arbeitsabläufe so geplant werden, dass unterschiedliche Produkte oder Fertigungsstufen getrennte Wege gehen.

8.B.2.2 Kennzeichnung von Materialien, Gebinden, Räumen und Maschinen

Betriebsräume müssen gemäß ihrem **Betriebszustand** gekennzeichnet sein, damit man schon von außen erkennen kann, **welches Produkt** dort gerade gefertigt wird – oder ob der Raum gerade gereinigt oder gewartet wird oder ob er sauber und **betriebsbereit** für den nächsten Produktionsansatz ist (siehe *Kapitel 7.A.1*).

Dasselbe gilt für Rohstoffe, (Zwischen-) Produkte, Muster, Behälter, Entnahmestellen aus Rohrleitungen (Hähne), Anlagen und Maschinen: Alle müssen *jederzeit* deutlich mit **Etiketten oder Schildern gekennzeichnet** sein, welches Material oder Produkt enthalten ist, und ggf. Herstellungsstufe, Identitäts-Nummer, Chargenbezeichnung, Produktstatus (frei, Quarantäne oder gesperrt) oder Reinigungsstatus (gereinigt/ungereinigt).

8.B.2.3 Identifizierung und Etikettenkontrolle

Auch wenn die Namen von Wirkstoffen oft kompliziert sind und die Identitätsnummern lang: Es ist wichtig, vor Verwendung *jedes* Etikett von *jedem einzelnen* Gebinde zu überprüfen. Wenn kein Handscanner zur Identifizierung verwendet werden kann, ist es die Pflicht der Mitarbeiter, die Etiketten sorgfältig zu lesen und mit den Angaben in der Stückliste, bzw. Herstellungs- oder Verpackungsanweisung zu vergleichen.

8.B.2.4 Line Clearance (Kontrolle auf vollständiges Abräumen des Vorproduktes)

Bei jedem Produktwechsel ist es erforderlich, dass sämtliche vorherigen Produkte, Einsatzstoffe, Packmittel, Etiketten, Analysen- und Stabilitätsmuster, Dokumente, Materialien und Abfälle sorgfältig von der Anlage und dem Arbeitsplatz entfernt werden. **Checklisten** helfen dabei, dass nichts vergessen wird, und wirklich jede schlecht einsehbare Stelle an der Anlage kontrolliert wird. Da schon ein einziges vergessenes Etikett oder eine einzelne zurückgebliebene Tablette fatale Folgen haben könnte, muss die **Line Clearance** von einer zweiten Person vor Ort überprüft (**Vier-Augen-Prinzip**) und im Herstell- bzw. Verpackungsprotokoll dokumentiert werden.

 Vier Augen sehen mehr als zwei.

8.C In welchen Schritten läuft eine Herstellung ab?

Unabhängig davon, wie einfach oder kompliziert der Herstellungsprozess für ein bestimmtes Produkt ist, müssen bestimmte Schritte *immer* eingehalten werden:

8.C.1 Bereitstellung und Einwaage

Jeder Verarbeitungsschritt beginnt mit der Bereitstellung der notwendigen Geräte, Materialien und Ausgangsstoffe gemäß **Stückliste**. Diese Liste ist ein Bestandteil der Verarbeitungsanweisung und gehört zum **Chargenprotokoll**.

Oftmals werden die notwendigen Wirkstoffe und Hilfsstoffe oder Zwischenprodukte (z.B. Pulvermischungen, Granulate) zuvor in einer speziellen **Wiegezentrale** eingewogen. Damit es nicht schon von Anfang an zu einer Verwechslung kommt, muss eine zweite Person vor Ort bestätigen und protokollieren (**Vier-Augen-Prinzip**), dass das richtige Material in der richtigen Menge eingewogen wurde. Außerdem muss kontrolliert werden, ob das Material für die Verarbeitung **freigegeben** ist. Sofern die Firma ein **validiertes Wiegesystem** besitzt, mit dem auch die Identität des gewogenen Materials überprüft wird, reicht eine Person bei der Einwaage aus.

8.C.2 Einrichten und Line Clearance

Parallel zur Einwaage der Ausgangsstoffe können Herstellungsraum, Anlagen und Geräte vorbereitet werden:

Damit niemand irrtümlich Raum und Geräte benutzt, werden sie mit der Produkt- und Chargenbezeichnung gekennzeichnet.

Der Raum wird kontrolliert, ob sich nur die benötigten Materialien darin befinden (Vermeidung von Verwechslungen, **Line Clearance**). Alle Maschinen und Geräte werden vor dem Einsatz kontrolliert, ob die produktberührenden Oberflächen wirklich sauber sind (Vermeidung von Kreuzkontamination, **visually clean**). Einige Anlagen müssen speziell für den Auftrag **umgerüstet** werden. Besonders ausgebildete Mitarbeiter wechseln die **Formatteile**, also diejenigen Teile der Anlage, die für die jeweilige Größe der Kapsel, Tablette oder Ampulle präzise passen müssen. Das **Einrichten** der Anlage endet mit Probeläufen, bis man schließlich die in der Verarbeitungsanweisung vorgegebenen (Füll-)Gewichte oder andere Qualitätseigenschaften exakt erreicht.

8.C.3 Herstellung und In-Prozess-Kontrollen (IPC)

Nun beginnt die Herstellung. Dabei ist darauf zu achten, dass jeder Arbeitsschritt genau nach den jeweiligen Vorgaben in der **Verarbeitungsanweisung** (**Master Batch Record, Herstellungsvorschrift**) ausgeführt wird. Dazu gehören auch die **In-Prozess-Kontrollen** (**IPC**), die zum vorgeschriebenen Zeitpunkt ausgeführt werden müssen.

Die entstehenden Produkte oder Zwischenstufen werden direkt in den Behältern aufgefangen oder dort hinein umgefüllt, die die Arbeitsanweisung vorschreibt, z.B. Edelstahl- oder Kunststoffbehälter oder Plastiksäcke. Wichtig ist, dass diese **etikettiert** sind und umgehend verschlossen werden, damit nichts verwechselt werden oder hineinfallen kann.

Um sicherzustellen, dass ein Arzneimittel in Ordnung ist, reicht es nicht aus, nur die verwendeten Einsatzstoffe (z.B. Wirkstoffe, Hilfsstoffe, Packmaterialien) und das fertige Arzneimittel zu kontrollieren und freizugeben. Schließlich kann ja immer nur eine ganz kleine Stichprobe (**Muster**, siehe *Kapitel 9.D.1*) im Labor untersucht werden. Deswegen ist es wichtig, dass bereits während der Herstellung und der Verpackung bestimmte Kontrollen durchgeführt werden. **In-Prozess-Kontrollen** nennt man Prüfungen, die im Verlauf der Produktion und meistens in direkter Nähe zur Produktion durchgeführt werden, um den Herstellungs- oder Verpackungsprozess zu überwachen und gegebenenfalls zu steuern. Manche IPCs werden sogar als **100%-Kontrollen** durchgeführt, beispielsweise Gewichtskontrollen oder optische Prüfungen von Ampullen.

Welche Kontrollen zu welchem Zeitpunkt an wie vielen Proben durchzuführen sind, legt die Herstellungsanweisung bzw. Verpackungsanweisung fest. Dort ist auch vorgegeben, innerhalb welcher **Grenzwerte** sich das IPC-Resultat befinden muss. Weicht das Produkt davon ab, muss der Vorfall als **Abweichung** (Deviation, siehe *Kapitel 4.C.6*) im Chargenprotokoll oder in einem separaten **Deviation Report** dokumentiert werden.

In-Prozess-Kontrollen gehören untrennbar zum jeweiligen Herstellungs- bzw. Verpackungsprozess, denn der Prozess wurde zusammen mit diesen IPCs entwickelt und **validiert** (siehe *Kapitel 8.F*). Daraus folgt, dass IPCs nicht einfach geändert oder ganz weggelassen werden dürfen, weil sonst nicht mehr sichergestellt ist, dass der Prozess kontinuierlich ein Produkt mit der richtigen Qualität liefert.

8.C.4   Chargenprotokoll und Logbücher

Jede durchgeführte Arbeit wird sofort bei der Arbeit, vollständig und wahrheitsgemäß protokolliert, datiert und unterschrieben (**Chargenprotokoll, Executed Batch Record**). Manche Schritte sind so wichtig, dass sie von einer zweiten Person vor Ort überprüft werden müssen (**zweite Unterschrift** im Protokoll).

Falls es bei der Verarbeitung **Abweichungen**, Unterbrechungen oder besondere Beobachtungen gibt, müssen diese umgehend dem Vorgesetzten gemeldet und im Chargenprotokoll dokumentiert werden. Auch Maschinenfehlfunktionen oder Defekte müssen gemeldet und in das **Gerätelogbuch** eingetragen werden. Das ist wichtig, damit später genau **nachvollziehbar** ist, was wann geschehen ist, und ob das hergestellte Material tatsächlich in Ordnung ist.

8.C.5   Bilanzierungen und Ausbeuteberechnungen

Bei der Arzneimittelherstellung und -verpackung muss man auch dem allerkleinsten Hinweis nachgehen, der auf mangelhafte Qualität hindeuten könnte. Deswegen ist es sinnvoll, nach bestimmten Fertigungsschritten die tatsächliche **Ausbeute** zu berechnen. Die Ausbeuteberechnung ist nicht nur ein Maß für die Effektivität des Herstellungsprozesses, sondern macht auch eine Aussage darüber, ob der Prozess einwandfrei abgelaufen ist.

In der Herstellvorschrift müssen Grenzwerte für die Ausbeute angegeben sein. Eine zu hohe Ausbeute könnte z. B. auf das Untermischen anderer Materialien oder eine unzureichende Reinigung der Ausrüstungsgegenstände hinweisen. Ursachen für zu geringe Ausbeuten könnten beispielsweise Wiegefehler, Verwechslungen, vergessene Materialzugaben oder Verarbeitungsprobleme sein.

In jedem Falle müssen solche Ausbeutedifferenzen untersucht werden. Die Berechnung der Ausbeute muss außerdem von einer **zweiten Person kontrolliert** werden, um Rechenfehler oder Irrtümer zu vermeiden (**Double Check**).

Die **Bilanzierung** ist ein ähnlich wichtiger Kontrollschritt immer wenn es um die Verpackung von Arzneimitteln geht: Da sich die Faltschachteln, Etiketten und Patienteninformationen unterschiedlicher Produkte oder Dosierungen oft ähnlich sehen, könnte es hier sehr leicht zu **Verwechslungen** oder **Untermischungen** kommen. Deswegen dürfen solche bedruckten Packmaterialien nur von speziell befugten Mitarbeitern in genau bekannter Menge ausgegeben werden. Nach Beendigung des Verpackungsvorganges wird dann die Anzahl der verwendeten, vernichteten und zurückgegebenen Packmittel exakt mit der ausgegebenen Menge verglichen. Werden bei dieser Bilanzierung Abweichungen zwischen Packmittelmenge und fertig verpackten Medikamenten festgestellt, müssen diese untersucht werden, damit keine Arzneimittel mit falscher Aufschrift die Firma verlassen.

8.D   Warum ist Sterilproduktion so aufwändig?

Arzneimittel, die am Auge oder in Wunden angewendet oder als Spritze oder Infusion verabreicht werden, müssen einerseits keimfrei und andererseits besonders gut verträglich sein, damit sie nicht Schmerzen oder Reizungen auslösen. Was aber für den menschlichen Körper gut verträglich ist, ist auch bei Bakterien besonders beliebt: Wenn nur einige wenige Mikroorganismen in die meist wässrigen Lösungen gelangen, vermehren sie sich explosionsartig!

Bei vielen Arzneimitteln ist es zwar möglich, die fertigen Ampullen oder Infusionsbeutel zu sterilisieren. **Sterilisieren** heißt, lebensfähige Mikroorganismen vollständig abzutöten, z.B. mit sehr heißer Luft (Heißluftsterilisation) oder mit heißem Dampf unter Druck im **Autoklaven**. Dennoch bleiben die abgetöteten Bakterien im Produkt zurück. Sie könnten bei geschwächten Patienten Fieber auslösen (**Pyrogene**). Gefährlich sind außerdem bestimmte Bakterienarten, die aus ihrer Zellmembran **Endotoxine** bilden. Diese natürlichen Giftstoffe werden bei der Sterilisation nicht zerstört und können bei Patienten hohes Fieber, Organversagen und septischen Schock auslösen.

Dagegen hilft nur eins: **absolute Sauberkeit von Anfang** an, damit so wenig Keime wie möglich ins Spiel kommen. Oder anders gesagt: Schon die Anfangskeimbelastung (**Bioburden**) muss gering gehalten werden.

Da Mikroorganismen in unserer alltäglichen Umwelt aber *überall* in *millionen-facher* Zahl vorkommen, sind sehr aufwändige Maßnahmen notwendig, um sterile Produkte zu fertigen:

- Alle Hilfsstoffe und Wirkstoffe müssen keimarm und frei von pathogenen Keimen (Krankheitserregern) sein.
- Primärpackmittel (Fläschchen, Gummistopfen, u.ä.) müssen keimarm und partikelarm sein. Dazu werden sie sorgfältig vorgewaschen.
- Die gesamte Herstellung darf nur in Reinräumen erfolgen (siehe *Kapitel 7.A.3.2*).
- Alle beteiligten Mitarbeiter müssen speziell geschult sein.
- Es dürfen nur sterile Prozessgase und Wasser für Injektionszwecke (siehe *Kapitel 7.A.2.3* und *Kapitel 7.A.2.5*) verwendet werden.
- Luftqualität, Oberflächen, Personal und das verwendete Wasser müssen ständig überwacht werden (Monitoring, siehe *Kapitel 7.A.4*).
- Sämtliche Behälter und Gerätschaften müssen zumindest **desinfiziert** (hier findet keine vollständige, sondern nur eine weitgehende Keimabtötung statt), wenn möglich aber **sterilisiert** werden.
- Unmittelbar vor der Abfüllung muss die Arzneilösung durch ein extrem fein-poriges Filter gepresst werden, das fast alle Keimarten zurückhält (*Steril-filtration*).
- Die verwendeten Sterilisationsverfahren müssen genauestens überwacht und regelmäßig revalidiert werden (siehe *Kapitel 8.F*).

 Sterilisation und Desinfektion sind kein Ersatz für Hygiene!

Noch schwieriger und anspruchsvoller wird die Herstellung, wenn das Endpro-dukt *nicht* sterilisiert werden kann, z.B. weil sich der Wirkstoff oder die Rezeptur bei Hitze zersetzt. In diesem Falle muss man das Produkt **aseptisch** herstellen. Das bedeutet nochmals verschärfte Anforderungen gegenüber der Sterilpro-duktion. Um nachzuweisen, dass bei diesem heiklen Herstellprozess wirklich alles keimfrei ist, füllt man in bestimmten Zeitabständen anstelle von Produkt spezielle Nährmedien ab, die bei Bakterien besonders beliebt sind (**Media Fill**). Wenn darin bei Bebrütung keine Keime wachsen, kann man davon ausgehen, dass der Prozess unter Kontrolle ist.

8.E   Ist Verpackung wirklich so wichtig?

Die Verpackung eines Arzneimittels ist mehr, als nur eine „hübsche Umhüllung". Manche Arzneimittel sind sehr empfindlich gegen Feuchtigkeit, Sauerstoff oder Licht. Eine geeignete Verpackung gewährleistet ausreichenden Schutz bis zum Ablauf des **Haltbarkeitsdatums** bzw. der Aufbrauchfrist. Die Verpackung selber muss *inert* sein. Das bedeutet, sie darf das Produkt nicht beeinträchtigen, indem sie Partikel oder Stoffe in das Produkt abgibt (**Leachables**) oder Bestandteile der Rezeptur bindet (**Adsorption**), sodass sie nicht wirken können.

8.E.1   Packmaterial

Beim Packmaterial unterscheidet man Primär- und Sekundärpackmittel:

- **Primärpackmittel** kommen direkt mit dem Produkt in Berührung. Dazu gehören Flaschen, Stopfen, Schraubverschlüsse, Blisterfolien, Aluminiumfolien, Vials, Ampullen, Tuben, u.s.w.
- **Sekundärpackmittel** sind „äußere Umhüllungen", also Faltschachteln, Etiketten, Patienteninformationen, Kunststofftrays (dort hinein werden z.B. Ampullen oder Spritzen gelegt, damit sie nicht zerbrechen). Die Sekundärpackmittel tragen die gesetzlich vorgeschriebenen Angaben (Produktbezeichnung, Chargenbezeichnung, Verfalldatum, Herstelleranschrift, Zulassungsnummer, Gebrauchsinformation).

Von der **Qualität der Packmittel** und der Sorgfalt des **Verpackungsvorganges** hängt die Haltbarkeit (siehe *Kapitel 9.E.1*) der Medikamente ab. Daher muss die Qualität jedes Packmittels in einer Spezifikation festgelegt sein: Aussehen, Material, Materialstärke, Maße, Bedruckung – alles muss ganz genau beschrieben sein. Diese **Packmittelspezifikationen** sind im **Zulassungsdossier** (siehe *Kapitel 3.B*) des Arzneimittels angegeben. Deswegen dürfen Packmittel nach erteilter Zulassung nicht mehr beliebig geändert werden. Falls eine Firma beispielsweise andere Folien verwenden möchte oder Änderungen an der Faltschachtel plant, muss sie nachweisen, dass die Änderung keinen Einfluss auf die Produktqualität hat. Diese Nachweise muss sie zusammen mit einem **Änderungsantrag** bei der Zulassungsbehörde einreichen.

Die Haltbarkeit von Arzneimitteln ist nur gewährleistet, wenn sie genau nach Vorschrift und im richtigen Packmaterial verpackt wurden.

8.E.2 Verpacken und Etikettieren

Verpacken und **Etikettieren** muss mit besonderer Sorgfalt erfolgen. Jedes Jahr müssen zahlreiche Arzneimittel vom Markt **zurückgerufen** (siehe *Kapitel 4.C.9*) werden, weil Fehler bei der Verpackung festgestellt wurden: Der Name, die Dosierung, das Haltbarkeitsdatum oder der Beipackzettel stimmen nicht, einzelne Blister eines anderen Arzneimittels waren untermischt, Etiketten oder Stanzungen sind nicht lesbar, und vieles mehr.

Diese Fehler können für Patienten lebensgefährlich sein! Aber auch wenn niemand zu Schaden kommt, leidet das Ansehen der betroffenen Firma unter solchen Rückrufaktionen. Patienten und Ärzte verlieren das Vertrauen in die Produkte.

Deshalb gibt es eine Reihe von Vorsichtsmaßnahmen, die vor, während und nach dem Verpacken bzw. Etikettieren ausgeführt werden müssen:

- **Bedruckte Packmittel** (z.B. Faltschachteln, Patienteninformationen, Etiketten) müssen in einem verschlossenen Raum oder Bereich aufbewahrt werden und dürfen nur von speziell befugten Personen auf schriftlichen Auftrag hin ausgegeben werden.
- Die Bezeichnungen (**Etiketten**) des **Bulk**-Produktes (das fertige Produkt, aber noch ohne Verpackung) und aller Packmittel werden vor Verwendung nochmals überprüft und mit der **Verpackungsanweisung** verglichen.
- Vor Arbeitsbeginn wird die Verpackungslinie genau überprüft, ob sich keine Vorprodukte oder Etiketten mehr darauf befinden. Nach Abschluss eines Auftrages wird die Linie vollständig abgeräumt (**Line Clearance**, siehe *Kapitel 8.C.2*).
- Bedruckte Etiketten werden in bekannter Stückzahl ausgegeben. Nach Abschluss des Auftrages werden verbrauchte, verworfene und restliche **Etiketten bilanziert** (siehe *Kapitel 8.C.5*). Falls eine Differenz besteht, muss sie untersucht werden, denn sie weist auf **Verwechslungen** oder **Untermischungen** hin.

Der häufigste Grund für Rückrufe sind Verpackungsfehler!

8.F Warum muss man Herstellungs- und Verpackungsprozesse validieren?

Bei vielen Herstell- und Verpackungsschritten ist eine 100%-Kontrolle technisch nicht möglich oder viel zu teuer. Stattdessen muss man sich auf Stichproben verlassen, die fortlaufend zu vorgeschriebenen Zeiten aus dem Prozess entnommen und geprüft werden (**IPC-Kontrollen**, siehe *Kapitel 8.C.3*), sowie auf die Stichproben des Endproduktes vor der Marktfreigabe (siehe *Kapitel 9.F.3*). Mit diesen Stichproben könnte man die berühmte Stecknadel im Heuhaufen jedoch kaum finden. Deswegen verlangt der Gesetzgeber zusätzlich zu den Endproduktprüfungen und IPCs **validierte** Herstellungs- und Verpackungsprozesse. Die Firma muss nachweisen, dass jedes Verfahren so zuverlässig ist, dass es unter alltäglichen Routine-Produktionsbedingungen reproduzierbar zu qualitativ einwandfreien Arzneimitteln führt.

8.F.1 Prozessvalidierung

Dieser aufwändige Nachweis, die sogenannte **Prozessvalidierung**, muss für jedes einzelne Produkt durchgeführt werden, *bevor* es auf den Markt gebracht wird. Voraussetzung ist, dass der Herstellungs- oder Verpackungsprozess bereits fertig entwickelt und auf die Produktionsumgebung angepasst (**optimiert**) ist.

Wie man Prozessvalidierungen plant und durchführt, kann je nach Firma und Produkten sehr unterschiedlich gestaltet sein. Daher muss jeder pharmazeutische Hersteller in einem **Validierungsmasterplan** (**VMP**) konkret beschreiben, wie er Validierungen organisiert, z.B. wer im Validierungsteam mitarbeitet, wer die Validierungsdokumente schreibt, prüft und genehmigt und wer für welche Entscheidungen verantwortlich ist.

Für jedes einzelne Produkt muss dann ein **Validierungsplan** erstellt werden, der in allen Einzelheiten beschreibt, wie die Validierung für dieses Produkt ablaufen soll. Wie viel Arbeitsaufwand notwendig ist, hängt nämlich stark davon ab, um was für ein Produkt es sich handelt:

- Ist der Herstellungs- oder Verpackungsprozess einfach oder eher kompliziert?
- Benötigt man spezielle Ausrüstung und besonders geschultes Bedienpersonal?
- Gibt es ein besonders hohes Produktrisiko, beispielsweise weil das Produkt sehr empfindlich ist oder steril sein muss?
- Wie viel Erfahrung hat die Firma mit ähnlichen Prozessen und Produkten?
- Gibt es Kontrollmethoden, mit denen Qualitätsfehler sicher erkannt werden können, bevor das Produkt die Firma verlässt?

Solche Fragen untersucht das Validierungsteam mit Hilfe von **Qualitätsrisikoanalysen** (siehe *Kapitel 4.C.3*).

Wurden sämtliche Risiken beleuchtet, dann leitet das Team aus den Ergebnissen die notwendigen Maßnahmen ab, z. B.

- wie viele Chargen als Validierungschargen hergestellt werden müssen,
- welche zusätzlichen Prüfungen durchzuführen sind und
- welche Resultate erreicht werden müssen, damit der Prozess wirklich zuverlässig ist (**Akzeptanzkriterien**).

Alles muss genau im **Validierungsplan** und **Testplänen** beschrieben und genehmigt sein. Erst dann darf man mit der Produktion der Validierungschargen beginnen.

Die in den Plänen festgelegten Prüfungen und alle Beobachtungen oder Schwierigkeiten werden während der Herstellung in **Validierungsprotokollen** dokumentiert.

Der **Validierungsbericht** fasst die Ergebnisse aller Validierungschargen zusammen und bewertet, ob der Herstellungs- oder Verpackungsprozess tatsächlich zuverlässig abläuft. Erst wenn der Validierungsbericht genehmigt ist, ist auch der **Prozess validiert**– vorher darf das produzierte Arzneimittel **nicht für den Verkauf freigegeben** werden!

 Mit dem Validieren zeigt man, dass ein Prozess unter Routinebedingungen immer ein einwandfreies Produkt liefert.

8.F.2 Prozessoptimierung und Prozessänderungen

Eine erfolgreiche Validierung gilt nur, solange der Prozess und alle Rahmenbedingungen (z. B. Anlagen, Spezifikationen, Einsatzstoffe, Lieferanten) genau innerhalb der Grenzwerte bleiben, die im Rahmen der Validierung überprüft wurden. Deswegen müssen Herstellungs-, Verpackungs-, Reinigungs- und Bedienanweisungen in der Routineproduktion auf jeden Fall sehr genau eingehalten werden. Falls das einmal nicht möglich sein sollte, müssen die Mitarbeiter im **Chargenprotokoll** (siehe *Kapitel 6.C*) oder in **Abweichungsberichten** (siehe *Kapitel 4.C.6*) protokollieren, was stattdessen getan wurde.

Auch **Änderungen** oder **Verbesserungen** an validierten Verfahren, beispielsweise Erhöhung einer Prozesstemperatur oder Verbesserung einer Rezeptur, dürfen nur nach genauer Untersuchung und ausdrücklicher Genehmigung (**Change Control**, siehe *Kapitel 4.C.5*) durchgeführt werden. Viele Änderungen erfordern nämlich eine Wiederholung oder Teilwiederholung der Validierung (**Revalidierung**), mitunter auch einen Änderungsantrag bei der Zulassungsbehörde.

9 Qualitätskontrolle und Marktfreigabe

9.A Was prüft die Qualitätskontrolle?

Die Qualitätskontrolle ist dafür verantwortlich, zu überprüfen, ob Wirkstoffe, Hilfsstoffe, Packmaterialien, Zwischenprodukte und Endprodukte den vorgegebenen Qualitätsanforderungen (**Spezifikationen**, siehe *Kapitel 6.B.2*) entsprechen. Weitere Aufgaben sind Haltbarkeitsprüfungen, Prüfungen auf Rückstände nach Reinigungen (**Reinigungsvalidierung** siehe *Kapitel 7.B.1*), mikrobiologische Untersuchung von Luft und Oberflächen (**Monitoring**, siehe *Kapitel 7.A.4*) und die Entwicklung neuer Analysenmethoden.

Innerhalb der Qualitätskontrolle gibt es meist mehrere Kontrolllabors, die sehr unterschiedliche Aufgaben erfüllen und daher oft räumlich getrennt sind:

9.A.1 Chemisch-physikalische Prüfung

Hier werden beispielsweise die **Identität** von Wirkstoffen, die **Reinheit** von Hilfsstoffen, der **Wirkstoffgehalt** von Arzneimitteln oder die **Abbauprodukte** nach Lagerung analysiert. Aber auch die Einheitlichkeit von Mischungen (**Content Uniformity, CU**), die Auflösungsgeschwindigkeit von Tabletten oder der Wassergehalt von Granulaten werden hier untersucht.

9.A.2 Mikrobiologisches Labor

Viele Hilfsstoffe kommen aus natürlichen Quellen und könnten daher mit Bakterien und Pilzen verunreinigt sein. Auch das Wasser und die Luft in den Produktionsräumen müssen regelmäßig auf Keimbelastung geprüft werden. Wenn eine Firma sterile Produkte (z.B. Augentropfen, Ampullen, Infusionslösungen) herstellt, dann müssen Ausgangsstoffe, Zwischen- und Endprodukte auf Keimbelastung getestet werden. Diese Prüfungen, die in mikrobiologischen Labors durchgeführt werden, sind aufwändig und dauern oft lange, aber sie sind unverzichtbar.

9.A.3 Packmittelkontrolle

In diesen Labors wird die Qualität von Aluminium- oder Kunststofffolien getestet, die für die Verblisterung verwendet werden sollen. Auch die **Dichtigkeit** von Ampullen, Vials (kleine Glasfläschchen mit Gummistopfen), Schraubverschlüssen oder Tuben sind wichtig für die Haltbarkeit der Arzneimittel. Besonders genau müssen **Aufdrucke** auf Faltschachteln, Tuben, Etiketten und Patienteninformationen überprüft werden, denn schon ein kleiner Fehler in der Druckerei könnte ernste Folgen für die Patienten haben.

9.B Wie muss ein Kontrolllabor organisiert und ausgestattet sein?

9.B.1 Personal und Verantwortung

Es ist vorgeschrieben, dass die Qualitätskontrolle unabhängig von der Herstellung entscheidet. Deswegen hat die Qualitätskontrollabteilung eine eigene **Leitung der Qualitätskontrolle** (siehe *Kapitel 5.D.2*). Diese trägt die Verantwor-

© Maas & Peither AG – GMP-Verlag

tung, dass die Mitarbeiter im Laborbereich gut ausgebildet und regelmäßig geschult werden und nur in geeigneten Räumen mit qualifizierten Laborgeräten gearbeitet wird. In vielen Firmen genehmigt die Leitung der Qualitätskontrolle außerdem Spezifikationen, Musterzugs- und Prüfanweisungen und gibt Rohstoffe frei. Diese Aufgaben können aber auch anderen Funktionen übertragen werden, wie der **Leitung der Qualitätssicherung** oder der **Sachkundigen Person** (Qualified Person, QP, siehe *Kapitel 5.D.3*).

9.B.2   Laborausrüstung, Reagenzien und Standards

Glaubwürdige Laborergebnisse können nur mit Messgeräten und Laborausrüstung erzielt werden, die speziell für die durchgeführten Analysen geeignet sind. Deswegen müssen Analysengeräte **qualifiziert** (siehe *Kapitel 7.D*) werden, z.B. Analysenwaagen oder Chromatographie-Anlagen. Da in der pharmazeutischen Analytik oftmals Tausende an Proben bearbeitet werden, ist vieles automatisiert: Kleinste Probenmengen werden Tag und Nacht automatisch aus vorbereiteten Fläschchen entnommen (**Autosampler**), in die Analysenapparatur gespritzt und die Ergebnisse vom Computer berechnet und ausgedruckt. Hier ist es besonders wichtig, dass Steuerungs- und Auswertungs-Software genauso funktionieren, wie geplant – denn Fehler, die der Computer macht, fallen meistens niemandem mehr auf! Auch die Übertragung der Daten in **Labor-Informations- und Management-Systeme** (**LIMS**) muss hundertprozentig fehlerfrei und zuverlässig erfolgen. Mit Hilfe der **Computervalidierung** (siehe *Kapitel 7.C*) muss die Firma zeigen, dass diese computergesteuerten Anlagen im Laboralltag einwandfrei funktionieren und Fehlfunktionen erkennbar sind. Auch darf es nicht möglich sein, versehentlich oder absichtlich Daten zu löschen, beispielsweise „unerwünschte" Ergebnisse.

Neben der Laborausrüstung werden im Labor auch **Lösungsmittel** und **Reagenzien** (spezielle Chemikalien für analytische Nachweise) gebraucht, um Analysenproben so vorzubereiten (**Probenaufbereitung**), dass die gesuchte Substanz messbar wird. Auch diese Laborchemikalien müssen von hoher Qualität sein und sorgfältig gelagert werden, damit es nicht zu falschen Ergebnissen kommt.

Standardsubstanzen (**Laborstandards**) dienen als Vergleich bei längeren Messreihen, Messungen an verschiedenen Tagen oder in unterschiedlichen Labors. Die Messergebnisse der untersuchten Proben werden mit den Messsignalen dieser sehr reinen Substanzen verglichen und daraus wird das Resultat berechnet. Deswegen ist es entscheidend, dass man mit **Standardsubstanzen** sehr sorgfältig umgeht, sie separat aufbewahrt und nur aus geeigneten Quellen bezieht, denn sonst sind ja alle Messergebnisse falsch!

Selbstverständlich müssen im Labor alle Chemikalien und Proben sorgfältig beschriftet sein (**Gute Kontrolllabor-Praxis**).

9.C Darf man Analysenresultate externer Labors verwenden?

Eigene Qualitätsprüfungen durchzuführen ist zwar aufwändig, hat aber auch viele Vorteile: Im Labor sammelt sich häufig solides Wissen über Produkteigenschaften, Haltbarkeit und Abbauprodukte an, das insbesondere bei Qualitätsrisikoanalysen (siehe *Kapitel 4.C.3*) von großem Wert ist. Dennoch können manche Prüfungen auch an externe Partnervergeben werden.

9.C.1 Analysenzertifikate

Ein **Analysenzertifikat** (**Certificate of Analysis**, **CoA**) ist eine Zusammenfassung von Testergebnissen. Es muss den Namen und die Chargen-Bezeichnung des untersuchten Produktes oder Materials enthalten, sowie die **exakten Messwerte**, die verwendete **Prüfmethode** und eine **Bewertung**, ob das untersuchte Material mit der vorgegebenen **Spezifikation** (siehe *Kapitel 6.B.2*) übereinstimmt. Damit Analysenzertifikate wirklich glaubwürdig sind, müssen sie von einer verantwortlichen Person unterschrieben sein. Stellt ein validiertes Computersystem (siehe *Kapitel 7.C*) sicher, dass nur berechtigte Personen Zertifikate verfassen können, kann die Unterschrift entfallen.

Analysenzertifikate machen *keine* Aussage über die GMP-konforme Herstellung des untersuchten Materials – sie dürfen daher nicht mit **Chargenzertifikaten** (siehe *Kapitel 9.F.3*) verwechselt werden.

Ob ein Analysenzertifikat, das beispielsweise mit einem Material mitgeliefert wurde, eine eigene Prüfung *ersetzen* kann, hängt davon ab, ob der Aussteller des Zertifikates als **Vertragspartner qualifiziert** wurde (siehe *Kapitel 4.C.2* und *Kapitel 10.B.1*). Im Rahmen dieser Qualifizierung muss überprüft werden, wie sorgfältig Analysen durchgeführt werden und ob Analysenzertifikate glaubwürdig sind.

9.C.2 Auftragslabors

Spezielle Prüfungen, die selten durchgeführt werden oder aufwändige Apparaturen erfordern, werden häufig an **externe Auftragslabors** vergeben. Beispielsweise ist es sinnvoll, mikrobiologische Prüfungen von Experten durchführen zu lassen, die sich auf dieses Fachgebiet spezialisiert haben. Dennoch verbleibt die **Verantwortung beim Auftraggeber**: er muss sich davon überzeugen, dass der Dienstleister tatsächlich die notwendige Fachkompetenz hat (**Qualifizierung des Auftragnehmers,** siehe *Kapitel 4.C.2*) – und zwar *bevor* er die erste Analyse in Auftrag gibt! Zusätzlich müssen die Verantwortlichkeiten von Auftraggeber und Auftragslabor präzise vertraglich geregelt sein (**Verantwortungsabgrenzungsvertrag, VAV**). Alle Auftragslabors müssen im **Site Master File** (SMF, siehe *Kapitel 4.B.4*) eines Unternehmens aufgelistet werden.

9.C.3   Methodentransfer

„Wenn zwei das gleich tun, ist es noch lange nicht dasselbe" – das gilt auch für Analysenlabors. Wenn eine Analyse an einen anderen Standort derselben Firma oder an ein Auftragslabor übergeben werden soll, dann kann es Überraschungen geben. Obwohl beide Seiten gut ausgebildetes Personal und qualifizierte Geräte einsetzen, liegt die Tücke oft im Detail. Damit die Analysenergebnisse beider Labors auch tatsächlich vergleichbar sind, ist daher ein formaler **Methodentransfer** vorgeschrieben. Das übernehmende Labor bekommt nicht nur vollständige Informationen über Prüfmethoden, Methodenvalidierung, Spezifikationen, Referenzstandards, Stabilitätsdaten und Sicherheitsvorkehrungen (**Sicherheitsdatenblätter**, Material Safety Data Sheets, **MSDS**), sondern es werden zusätzlich in einem **Transferprotokoll** Vergleichsanalysen vereinbart. Es ist auch möglich, Teile der Methodenvalidierung zu wiederholen oder gemeinsam durchzuführen (**Covalidierung**).

Erst wenn die Vergleichsanalysen erfolgreich waren und beide Labors den **Transferbericht** genehmigt haben, darf das übernehmende Labor die Methode für GMP-Analysen verwenden.

9.D   Wie zuverlässig sind analytische Prüfungen?

Kaum eine analytische Prüfung kann 100% Sicherheit bieten. Schließlich werden die meisten Qualitätskontrollen nur an kleinen Stichproben durchgeführt. Außerdem hängt das Analysenergebnis von der Genauigkeit der Prüfmethode ab. Um ganz sicher zu gehen, bewahrt man daher zusätzlich Referenzproben und Rückstellmuster als Beweismaterial auf.

9.D.1   Probenahme, Musterzug

Um die Qualität eines Einsatzstoffes oder Produktes im Labor zu bestimmen, kann nicht das gesamte Material untersucht werden, sondern es werden kleine Stichproben analysiert. Diese Muster (**Proben**) müssen **repräsentativ** sein, d.h. genauso gut oder genauso schlecht, wie das gesamte Material, damit das Analysenergebnis aussagekräftig ist.

Deswegen dürfen solche Analysenproben nicht *irgendwie* gezogen werden, sondern von speziell geschulten Mitarbeitern und nach Plan.

Die **Probenahmeanweisung** bzw. der **Musterzugsplan** legt fest:

- wie viele Muster gezogen werden müssen
- wie groß jede Probe sein soll (Menge oder Volumen)
- in welche Behältnisse die Proben gefüllt werden und wie sie gekennzeichnet werden müssen
- welche speziellen Musterzugswerkzeuge verwendet werden müssen, beispielsweise sind für mikrobiologische Prüfungen sterile Probenlöffel und Behältnisse notwendig

- welche weiteren Vorsichtsmaßnahmen einzuhalten sind
- wofür die Proben verwendet werden sollen

Beim Musterzug dürfen weder die Proben, noch das bemusterte Material verunreinigt (**kontaminiert**) werden. Behälter, aus denen Muster gezogen wurden, werden danach sorgfältig verschlossen und mit speziellen Etiketten gekennzeichnet. Auch die gezogenen Proben müssen sorgfältig etikettiert werden, damit es nicht zur Verwechslung von Proben und dadurch zu falschen Ergebnissen kommt. Alle tatsächlich gezogenen Proben und eventuelle Beobachtungen werden im **Musterzugsprotokoll** protokolliert. Beim Transport und der Lagerung von Proben muss man darauf achten, dass sich die Proben nicht verändern (Wärme, Licht, Erschütterung).

 Sorgfältiger Musterzug ist die Voraussetzung für ein glaubwürdiges Analysenergebnis!

9.D.2 Prüfmethoden und Methodenvalidierung

Damit analytische Untersuchungen immer gleich durchgeführt werden, müssen sie präzise in einer **Prüfanweisung** (**Kontrollvorschrift**, **Analysenvorschrift**) beschrieben sein. Diese gibt genau vor, welche Qualitätskriterien (z.B. Gehalt, Aussehen, Geruch, Reinheit, mikrobiologische Verunreinigungen) untersucht werden müssen, wie groß die Probenmengen sein müssen, wie die Proben vorbereitet werden müssen, wie die Geräte einzustellen sind, welche **Reagenzien** und **Standards** (siehe *Kapitel 9.B.2*) verwendet werden müssen und wie das Ergebnis berechnet wird.

So, wie es verschiedene Möglichkeiten gibt, Zeitspannen zu messen – von der Sanduhr bis zur digitalen Stoppuhr mit elektronischer Lichtschranke – gibt es auch im Labor verschiedene Methoden, um ein bestimmtes Qualitätskriterium zu analysieren.

Je nach Verwendungszweck hat jede **Prüfmethode** ihre Vor- und Nachteile. Deshalb muss man im Rahmen der Methodenentwicklung folgende Überlegungen anstellen:

- Braucht man ein schnelles Ergebnis oder ein besonders präzises?
- Müssen geringste Spuren erkannt werden (z.B. Verunreinigungen) oder sind hohe Konzentrationen zu erwarten (z.B. bei Gehaltsbestimmungen)?
- Ist es wichtig, dass die Methode zwischen Wirkstoff und möglichen Abbauprodukten unterscheidet (z.B. für Haltbarkeitsprüfungen) – oder genügt es zu wissen, dass „irgendeine" Substanz noch in Spuren im Ansatzkessel klebt (z.B. bei einer Reinigungsvalidierung)?

Die **Methodenvalidierung** ist der Beweis, dass eine bestimmte Analysenmethode tatsächlich für den Einsatzzweck geeignet ist. Dabei müssen vor allem folgende Eigenschaften untersucht und belegt werden:

- **Präzision**: Wie stark streuen die Messergebnisse, wenn man dieselbe Probe wiederholt bestimmt?
- **Linearität**: Sind die Messsignale innerhalb des Arbeitsbereiches proportional zur Konzentration? Kann man also den abgelesenen Messwert einfach mit einem Dreisatz in die Wirkstoffmenge umrechnen?
- **Richtigkeit**: Wie weit weicht das Resultat aus einer aufbereiteten Probe von Vergleichswerten mit bekanntem Inhalt (Standard) ab? (**Wiederfindung, Spike-Proben, Aufstockversuche**)
- **Bestimmungsgrenze** (**Limit of Quantitation**, **LOQ**): Welches ist die geringste Konzentration, die man mengenmäßig auswerten kann?
- **Nachweisgrenze (Limit of Detection, LOD)**: Welches ist die geringste Konzentration, die man überhaupt erkennen kann, d.h. die sich vom **Leerwert** (Lösung *ohne* gesuchten Stoff) unterscheidet?
- **Selektivität:** Kann die Methode die gesuchte Substanz von anderen, chemisch ähnlichen Substanzen in der Probe (z.B. Neben- oder Abbauprodukte) unterscheiden?
- **Robustheit**: Ist die Methode sehr empfindlich gegenüber normalen Schwankungen im Laboralltag, z.B. unterschiedliche Raumtemperatur, unterschiedliche Laborchemikalien oder Verbrauchsmaterialien?

Für häufig verwendete Wirk- und Hilfsstoffe gibt es Prüfmethoden in den **Arzneibüchern** (siehe *Kapitel 3.E.5*). Die dort beschriebenen Methoden müssen genau so angewendet werden – oder es muss schriftlich bewiesen werden, dass die eigene Methode mindestens genauso gut ist wie die **Arzneibuchmethode**.

 Unpräzise Prüfmethoden können keine präzisen Ergebnisse liefern!

9.D.3   Referenzproben und Rückstellmuster

Referenzproben (Reference Samples) von Ausgangsstoffen, Verpackungsmaterialien, kritischen Zwischenstufen und Fertigarzneimitteln dienen dazu, beweisen zu können, dass bei sachgemäßer Lagerung die Qualität bis zum Ende der **Haltbarkeitsfrist** einwandfrei bleibt. Deswegen müssen Referenzproben in besonderen Kammern oder Räumen eingelagert werden, in denen die **Lagerungsbedingungen** (Temperatur, Feuchte) überwacht werden.

Rückstellmuster (Retention Samples) von verpackten Arzneimitteln dienen dazu, nach jedem Verpackungsvorgang beweisen zu können, dass die richtigen Packmaterialien, Etiketten und Patienteninformationen verwendet wurden und die korrekten **variablen Daten (Chargennummer** und **Verfalldatum)** aufgedruckt oder eingeprägt wurden. Außerdem werden Rückstellmuster zur Identifizierung eines Arzneimittels benötigt, um beispielsweise festzustellen, ob ein beim Zoll aufgefallenes Produkt eine **Fälschung** sein könnte.

Wie viele Referenzproben und Rückstellmuster für welche Zeit eingelagert werden müssen, ist gesetzlich vorgeschrieben. Die Firma regelt in einer SOP, wer verantwortlich ist und wo die Referenzproben und Rückstellmuster gelagert werden, damit nur berechtigte Personen Zugriff haben. Jede Entnahme oder Verwendung muss genau dokumentiert werden.

9.E   Woher weiß man, wie lange ein Arzneimittel haltbar ist?

Voraussetzung für die **Zulassung** (siehe *Kapitel 3.B*) eines Arzneimittels ist unter anderem der Nachweis, dass das Medikament in der ungeöffneten Verpackung bei den aufgedruckten **Lagerungsbedingungen** tatsächlich bis zum angegebenen **Haltbarkeitsdatum** einwandfrei bleibt. Für einige Arzneimittel muss zusätzlich eine **Aufbrauchfrist** bestimmt werden (**in-use-Studien**); das ist die Zeitspanne nach Anbruch, in der beispielsweise ein Hustensaft verwendet werden darf. Denn mit dem ersten Öffnen der Packung dringt Luftsauerstoff ein, der den Wirkstoff zersetzen und unwirksam machen kann. Auch könnten Keime in das Medikament gelangen und sich dort vermehren.

9.E.1   Stabilitätsprüfungen und Haltbarkeit

Welche Stabilitätsdaten genau als Bestandteil der Zulassungsunterlagen eingereicht werden müssen, ist sehr genau geregelt und davon abhängig, ob es sich um einen **neuen Wirkstoff**, eine **neue Darreichungsform** eines bereits zugelassenen Wirkstoffs (z. B. Gel statt Tablette) oder eine **neuartige Verpackung** handelt.

Langzeit-Stabilitätsuntersuchungen zum Beleg der Verwendbarkeitsfrist sind sehr zeitaufwändig, weil man tatsächlich den kompletten Zeitraum „in Echtzeit" abwarten muss. Wenn bei Einreichung der Zulassungsunterlagen die Stabilitätsuntersuchungen noch nicht vollständig abgeschlossen sind, kann man für bestimmte Produkte eine sogenannte Stabilitätsverpflichtung (**Stability Com-**

mitment) abgeben: Das ist ein detaillierter **Stabilitätsplan** für die Weiterführung der Haltbarkeitsuntersuchungen an sogenannten Verpflichtungschargen (**commitment batches**), bis der volle Zeitraum der vorgeschlagenen Verwendbarkeitsfrist mit Daten belegt werden kann.

Nach Erteilung der Zulassung muss die gleichbleibende Qualität der auf dem Markt befindlichen Arzneimittel regelmäßig durch Stabilitätsprüfungen kontrolliert und belegt werden. Dazu werden jährlich von einer Charge jedes Produktes und jeder Dosierung Stabilitätsmuster in das **fortlaufende Stabilitätsprogramm** (**on going stability**) aufgenommen. Die Resultate dieser Haltbarkeitsstudien fließen in die jährlichen Produktqualitätsüberprüfungen (**PQR**, siehe *Kapitel 4.C.4*) ein.

9.E.2   Klima und Lagerbedingungen

Da die Haltbarkeit eines Arzneimittels neben der Verpackung auch stark von der Lagerungstemperatur und der Luftfeuchtigkeit abhängt, diese aber je nach **Klimazone** sehr verschieden sind, gibt es standardisierte, weltweit akzeptierte Verfahren für **Stabilitätsstudien** (**ICH Q1A-Richtlinie**, siehe *Kapitel 3.E.3*). Nach diesen Vorgaben erstellt ein Arzneimittelhersteller die **Stabilitätspläne** für jedes Produkt. Hier ist genau festgelegt, wie viele **Stabilitätsmuster** bei welchen **Lagerungsbedingungen** (Temperatur, Luftfeuchte) in **Klimakammern** eingelagert werden und zu welchen Zeitpunkten (z. B. nach 4 Wochen, sowie 3, 6, 12, 24 und 36 Monaten) ein Teil dieser Muster analysiert werden muss.

Bei den Stabilitätsprüfungen wird besonders auf Änderungen in Aussehen und Geruch, Gehaltsabnahme, Abbauprodukte und eventuell mikrobielle Zersetzung geachtet. Die Stabilitätsergebnisse werden mit den vorhergehenden verglichen und auf Tendenzen (**Trending**, siehe *Kapitel 4.C.4*) und Abweichungen (**Deviations**, siehe *Kapitel 4.C.6*) hin ausgewertet. Jegliche Abweichung von Spezifikationen (siehe *Kapitel 4.C.7*) oder auch von den vorgegebenen Lagerungsbedingungen muss unverzüglich gemeldet und untersucht werden (**Ursachenanalyse**, siehe *Kapitel 4.C.10*). Sämtliche Stabilitätsergebnisse für ein bestimmtes Produkt müssen im Rahmen der jährlichen **Produktqualitätsüberprüfung** (**Product Quality Review, PQR**, siehe *Kapitel 4.C.4*) beurteilt werden, um sicherzustellen, dass die in den Zulassungsunterlagen beschriebene Haltbarkeit tatsächlich gewährleistet ist.

9.F   Bedeutet ein gutes Analysenergebnis auch ein gutes Produkt?

9.F.1   Prüfergebnisse

Wenn alle in der **Analysenvorschrift** (**Prüfanweisung**, **Kontrollvorschrift**) beschriebenen Prüfungen durchgeführt sind und die Ergebnisse sich innerhalb der vorgegebenen Bandbreiten (**Spezifikation**, siehe *Kapitel 6.B.2*) bewegen, darf das untersuchte Arzneimittel trotzdem noch nicht für den Markt freigegeben werden! Zunächst muss die komplette **Analysendokumentation** von einer zweiten Person überprüft werden – es könnte ja ein Rechenfehler vorliegen, irrtümlich eine alte Version der Testvorschrift verwendet oder Zahlen falsch übertragen worden sein. Die Leitung der Qualitätskontrolle genehmigt anschließend das **Prüfprotokoll** (**Analysenbericht, Kontrollbericht**) und leitet es an die **Sachkundige Person** weiter, die nach weiteren Dokumenten-Prüfungen (siehe *Kapitel 9.F.3*) die Marktfreigabe vornimmt. (In der Schweiz ist das Aufgabe der *Fachtechnisch verantwortlichen Person* FvP, siehe *Kapitel 5.D.5*.)

In vielen Firmen ist die Leitung der Qualitätskontrolle zwar gleichzeitig Sachkundige Person – dennoch ist die **Unterschrift unter dem Analysenprotokoll** *nicht* mit der Marktfreigabe des Arzneimittels *zu verwechseln!*

Handelt es sich um die Prüfergebnisse eines **Rohstoffes oder Packmittels**, kann der Kontrollleiter nach Genehmigung des Prüfprotokolls diese Materialien zur Verarbeitung freigeben. Was dabei zusätzlich beachtet werden muss, ist in der Freigabe-SOP der Firma geregelt.

9.F.2   Out-of-Specification-Resultate

Trotz sorgfältiger Arbeit und mehrfacher Kontrolle kann es immer wieder zu Analysenergebnissen kommen, die außerhalb der aktuellen Spezifikationen liegen. Das ist zwar ärgerlich, aber gehört zum normalen Laboralltag. Solche sogenannten **OOS-Ergebnisse** (**Out of Specification Results, von der Spezifikation abweichende Resultate**, siehe auch *Kapitel 4.C.7*) können aufgrund von Fehlern oder Abweichungen bei Rohstoffen, Herstellung, Lagerung, Musterzug oder Analyse auftreten. Sie müssen in jedem Falle protokolliert und untersucht werden, um die Ursache für das abweichende Ergebnis festzustellen und ggf. **Korrekturmaßnahmen** (siehe *Kapitel 4.C.10*) zu ergreifen. Es ist nicht erlaubt, „unpassende" Testergebnisse zu vernichten und die Prüfung einfach sooft zu wiederholen („Freiprüfen"), bis man Resultate erhält, die in die Spezifikation passen.

Firmen müssen in einer **OOS-SOP** genau festlegen, was die Mitarbeiter bei einem OOS-Ergebnis tun müssen, wer zu informieren ist und wer Entscheidungen treffen darf:

- Als erste Stufe führen die Labormitarbeiter anhand einer Checkliste eine **Laboruntersuchung** (**Lab Investigation**) durch, um festzustellen, ob es einen Irrtum bei der Analyse gab. Falls es sich offensichtlich um einen **Laborfehler** handelt (z.B. falsche Verdünnung oder Probenaufbereitung), darf die Laborprüfung wiederholt werden. Das ursprüngliche Ergebnis wird als „ungültig" gekennzeichnet, aber auf keinen Fall vernichtet.

- Gibt es *keinen* Hinweis auf einen Laborfehler, dann muss die Untersuchung ausgeweitet werden: Falls es sich um einen **Fehler bei der Probenahme** oder Lagerung der Muster handelt, muss der Musterzug wiederholt werden. Wenn es sich dagegen um einen **Produktfehler** handelt, ist meist eine bereichsübergreifende Untersuchung notwendig, bei der Produktion, Qualitätssicherung, Technik und andere Funktionen eingeschaltet werden müssen.

Alle Untersuchungen müssen innerhalb einer festgelegten Frist (z.B. 20 Arbeitstage) abgeschlossen und sämtliche Erkenntnisse dokumentiert werden (**Failure Investigation Report**, **FIR**). Konnten die Ursachen gefunden werden, z.B. eine unklare Vorschrift, Verwechslung oder ungeeignete Probenbehältnisse, dann müssen Korrekturmaßnahmen (**CAPA**, siehe *Kapitel 4.C.10*) festgelegt werden.

9.F.3 Marktfreigabe und Chargenzertifikat

Die Marktfreigabe ist der letzte Qualitätssicherungsschritt, der verhindern kann, dass eventuell fehlerhafte Arzneimittel auf den Markt kommen. Deswegen reicht es nicht aus, dass nur die Analysenergebnisse mit den Spezifikationen übereinstimmen. Um im letzten Moment noch kleinste Hinweise auf Qualitätsprobleme entdecken zu können, wird die gesamte Chargendokumentation (siehe *Kapitel 6.C*) vor der Freigabe nochmals systematisch kontrolliert (**Batch Record Review**). Alle Analysenprotokolle, Herstellungs- und Verpackungsprotokolle, einschließlich In-Prozess-Kontrollen, Abweichungsberichte, Zusatzprüfungen bei Abweichungen, Rohstoffzertifikate, Berichte über Raummonitoring, Validierungen, Lieferantenqualifizierungen und Audits werden geprüft, ob sie vollständig und plausibel sind, sowie mit den aktuellen Vorschriften und dem eingereichten **Zulassungsdossier** (siehe *Kapitel 3.B*) übereinstimmen.

Nur wenn die gesamte Dokumentation lückenlos ist und von den dafür autorisierten Personen genehmigt, darf die **Sachkundige Person** (**Qualified Person**, **QP**, siehe *Kapitel 5.D.3*) die Arzneimittelcharge für den Markt freigeben.

Das **Chargenzertifikat** (**Batch Certificate**, **MRA-Chargenzertifikat**) bestätigt, dass die Produktcharge nicht nur die Spezifikationen erfüllt, sondern darüber hinaus nach GMP hergestellt, verpackt und analysiert wurde, sowie der aktuellen Marktzulassung entspricht.

10 Lieferanten, Lagerhaltung und Logistik – GDP

10.A   Wozu gibt es GDP–Regeln?

Noch vor 20 Jahren war **GDP** (Good Distribution Practice, Gute Vertriebspraxis) kein Thema von großer Bedeutung. Wirkstoffe und Arzneimittel wurden im Inland oder im nahen Ausland gefertigt. Die **Transportwege** waren kurz und übersichtlich. Pharmazeutische Produktionsstätten in Übersee hatten für die Belieferung des Europäischen Marktes kaum Bedeutung. Heute ist die Situation komplett umgekehrt.

Der Kostendruck im Gesundheitswesen hat dazu geführt, dass immer mehr Arzneimittel aus dem **Ausland importiert** werden. **Wirkstoffe** werden heutzutage überwiegend in Asien produziert und auf teilweise **unübersichtlichen Distributionswegen** zu den Pharmaherstellern in alle Welt versandt. Arzneimittel werden oft über mehrere Vor- und Zwischenstufen **an unterschiedlichen Orten gefertigt**. Mehrfaches Aus- und Umpacken führt immer wieder zu Verwechslungen und **Untermischung mit fehlerhaftem Material**.

Es reicht deswegen nicht mehr aus, sich auf größte Sorgfalt bei der Herstellung und Prüfung von Arzneimitteln zu konzentrieren: Die Kontrollen müssen schon viel früher ansetzen, nämlich bei der **Wirkstoff- und Hilfsstoffherstellung**. Auch dürfen die Qualitätsbemühungen nicht an der Verladerampe des Pharmaherstellers enden, sondern müssen bis zum Spital und bis zur Apotheke reichen.

Die **GDP-Leitlinien** haben zum Ziel, diese Lücken zu schließen. Sie sollen sicherstellen,

- dass Wirkstoffe und Hilfsstoffe von verlässlichen Herstellbetrieben auf sicheren Wegen in hoher Qualität beim Pharmahersteller eintreffen und
- dass Arzneimittel in unverändert hoher Qualität beim Patienten ankommen und nicht durch Fälschungen ausgetauscht werden können.

Die GDP-Regeln betreffen nun auch Unternehmen im Bereich Logistik, Lagerhaltung und Transport, die sich bisher mit den Besonderheiten von Arzneimitteln wenig auseinandersetzen mussten. Die in der pharmazeutischen Qualitätssicherung übliche Vorgehensweise und umfangreiche Dokumentation stößt dort oft auf Kopfschütteln. Verschiedene Dienstleister haben jedoch die Erfüllung der GDP-Anforderungen als Marktchance erkannt und spezialisieren sich auf den Bereich der Pharma-Logistik.

10.B   Was ist eine Lieferkette?

10.B.1   Lieferantenqualifizierung, Sourcing und Rückverfolgbarkeit

Die Qualität von Arzneimitteln hängt ganz wesentlich von der Qualität der Inhaltsstoffe ab. Daher muss mit Pharma-Ausgangsstoffen (**Wirkstoffen, Hilfsstoffen** und **Verpackungsmaterialien**) besonders sorgfältig umgegangen werden. Außerdem dürfen diese Materialien nur von **qualifizierten Lieferanten** bezogen werden, d.h. von Lieferanten, die sich vertraglich zur Qualität verpflichtet haben (**Qualitätssicherungsvereinbarung, QSV, Quality Agreement**) und von der Qualitätssicherung überprüft wurden (**Lieferantenqualifizierung**, siehe *Kapitel 4.C.2*). Welche Qualität die Einsatzstoffe haben müssen, hat das Pharmaunternehmen in **Spezifikationen** (Beschreibungen von Eigenschaften, siehe *Kapitel 6.B.2*) festgelegt, die mit den **Zulassungsunterlagen** (**Dossier**, siehe *Kapitel 3.B*) bei der Behörde eingereicht wurden. In den Zulassungsunterlagen ist auch angegeben, von welchen Lieferanten die Einsatzstoffe bezogen werden. Deswegen darf eine Firma nicht ohne weiteres den Lieferanten wechseln, sondern erst nach genauer interner Bewertung (**Change Control, Lenkung von Änderungen**, siehe *Kapitel 4.C.5*) und **Änderungsantrag** bei der Zulassungsbehörde.

Um festzustellen, ob die Qualität der angelieferten Einsatzstoffe tatsächlich den Spezifikationen entspricht, werden beim Wareneingang Muster gezogen (Probenahme, siehe *Kapitel 9.D.1*) und von der Qualitätskontrolle analysiert (siehe *Kapitel 9.A*).

Wenn der Lieferant selbst nicht der Hersteller des Wirkstoffs oder Hilfsstoffs ist, dann muss er alle qualitätsrelevanten Herstellerinformationen an den Kunden weiterleiten, z.B. vom Hersteller verwendete Chargenbezeichnungen, Haltbarkeitsdaten und Analysenzertifikate. Da heute Wirkstoffe, Hilfsstoffe und Produkte über den ganzen Erdball gehandelt werden, und dabei mehrfach den Besitzer wechseln (**Lieferkette**), ist die Gefahr groß, dass das Material zwischendurch **verwechselt** oder gegen minderwertiges Material (**Fälschungen**) ausgetauscht wird oder durch falsche Lagerung an Qualität verliert.

Der Pharmahersteller muss deshalb den Ursprung seiner Ausgangsstoffe kennen (**Sourcing**) und die Herkunft über alle Etappen zurückverfolgen können (**Rückverfolgbarkeit**). Auch ist der Arzneimittelhersteller verpflichtet, die **Transporte von Wirkstoffen und Hilfsstoffen** mit dem Lieferanten genau vertraglich zu regeln. Dazu gehören unter anderem geeignete **Transportbehältnisse**, die ausreichend Schutz vor Temperatur, Feuchte und mechanischen Beschädigungen bieten.

Originalitätsmerkmale, wie Versiegelungen oder Plomben, lassen Manipulationen leichter erkennen. Bei besonders teuren oder empfindlichen Waren können **Datalogger** mit lichtempfindlichen Sensoren mit in den Behälter gegeben werden, die jede Öffnung des Gebindes aufzeichnen. Welche Maßnahmen im Einzelnen getroffen werden müssen, hängt vom speziellen Qualitätsrisiko der Ware ab und muss mit einer **Qualitätsrisikoanalyse** (siehe *Kapitel 4.C.3*) begründet werden.

10.B.2   Kundenqualifizierung

Damit Arzneimittel nicht in falsche Hände geraten, dürfen sie nur an Kunden ausgeliefert werden, die eine entsprechende behördliche **Betriebserlaubnis** (siehe *Kapitel 3.C*) haben, z.B. eine Herstellungserlaubnis, Großhandelserlaubnis oder Apothekenbetriebserlaubnis (auch Klinikapotheken). Das gilt auch für Empfänger im Ausland: Sie müssen eine entsprechende Bezugsberechtigung nach nationalem Recht vorweisen können. Bevor Arzneimittel versendet werden, ist der jeweilige Hersteller oder Großhändler verpflichtet, diese **Bezugsberechtigung** zu überprüfen und dies auch zu dokumentieren (**Kundenqualifizierung**).

Besonders wichtig ist die Kundenqualifizierung im Zusammenhang mit Retouren (siehe *Kapitel 10.C.5*). Arzneimittelretouren, die *nicht* von qualifizierten Kunden stammen, sind möglicherweise Fälschungen.

10.B.3   Vorsicht Fälschung!

In den letzten Jahren sind in Europa große Mengen gefälschter Arzneimittel aufgetaucht, die minderwertige oder gar keine Wirkstoffe enthalten oder in manipulierten Verpackungen enthalten waren. Weltweit ist die Fälschung von Wirkstoffen und Fertigarzneimitteln ein ernstes und schwer lösbares Problem.

Um das unbemerkte Einschleusen von **Fälschungen** in die legale Lieferkette und auch **Arzneimitteldiebstahl** zu erschweren, versucht man daher verschiedenste Maßnahmen. Mit Hilfe maschinell lesbarer Etiketten (z.B. **Barcode, Data Matrix Code, RFID-Chip**) an Gebinden lassen sich Sendungen verfolgen (**Track & Trace**). Bei Fertigarzneimitteln kann der Hersteller jedes einzelne Päckchen mit einem einmaligen Code versehen (**Codierung, Serialisierung**), der in einer zentralen Datenbank hinterlegt ist. Apotheken oder andere autorisierte Partner in der Lieferkette können die Etiketten auslesen, mit den Angaben in der Datenbank vergleichen und dadurch die Herkunft und Echtheit des Arzneimittels überprüfen.

Weitere wichtige Maßnahmen sind die fachgerechte, **zerstörende Entsorgung** von Arzneimittel- und Packmittelabfällen (siehe *Kapitel 10.C.6*), und die sorgfältige Überprüfung im Zusammenhang mit Retouren (siehe *Kapitel 10.C.5*) oder Reklamationen (siehe *Kapitel 4.C.8*).

10.C   Was ist bei der Lagerung von Einsatzstoffen und Arzneimitteln zu beachten?

Sorgfältige Lagerhaltung ist im Pharmabereich unverzichtbar. Selbst der beste Rohstoff verdirbt, wenn er falsch gelagert wird. Aber auch Verwechslungen oder irrtümliche Verwendungen könnten leicht passieren, wenn am Lager nachlässig gearbeitet wird. Wie schnell können die komplizierten und ähnlich klingenden chemischen Bezeichnungen verwechselt werden! Auch wenn freigegebenes und noch-nicht-freigegebenes Material am selben Lagerort eingelagert wird, droht Verwechslung.

10.C.1   Lagerräume

Lagerbereiche für Arzneimittel und deren Ausgangsstoffe müssen **aufgeräumt, sauber, trocken** und **frei von Ungeziefer und Abfall** sein (siehe *Kapitel 7.A.5.2*). Um die Reinigung zu erleichtern soll nichts direkt auf dem Boden oder an den

Wänden gelagert werden. Das gilt auch für **Zwischenlager**. Lagerräume sollen getrennt sein von Werkstätten, Wasch- und Personalräumen und nur für diejenigen Personen zugänglich, die dafür **geschult** sind und dort arbeiten (**Zutrittskontrolle**). **Betriebsfremde Personen**, z.B. anliefernde LKW-Fahrer, dürfen Lagerbereiche nicht ohne Begleitung betreten können.

Lagerbereiche für Arzneimittel müssen deutlich gekennzeichnet und getrennt von anderen Produkten sein. Auch **Wirk- und Hilfsstoffe** dürfen nicht zusammen mit Material gelagert werden, das stark staubt (z.B. Zement) oder intensiven Geruch verbreitet (z.B. Chemikalien, Lösungsmittel oder Desinfektionsmittel).

Deswegen müssen Pharmalager ausreichend groß sein und für ordnungsgemäße Lagerhaltung verschiedene, getrennte Bereiche aufweisen:

- Material, das noch nicht freigegeben ist, muss räumlich getrennt gelagert werden (**Quarantäne**), damit es nicht versehentlich verarbeitet oder versandt wird. Falls ein **validiertes Lagerverwaltungssystem** (siehe *Kapitel 7.C*) verwendet wird, welches sicherstellt, dass nur speziell geschulte Personen Quarantänematerial auslagern können, kann auf die räumliche Trennung verzichtet werden.

- **Zurückgewiesene** oder **fehlerhafte** Materialien müssen ebenfalls räumlich getrennt gelagert werden und sollen umgehend zurückgesendet oder vernichtet werden.

- Bei **bedruckten Packmaterialien** (Etiketten, Faltschachteln, Tuben, Patienteninformationen) besteht eine besonders große Gefahr der Verwechslung, Untermischung oder irrtümlichen Verwendung. Daher dürfen bedruckte Packmittel nur in besonderen Bereichen mit Zugangskontrolle gelagert werden. Jede Entnahme, Rückgabe oder jeder Neuzugang muss genau überwacht und bilanziert werden.

- **Warenannahme-** und **Versandbereiche** sollen wettergeschützt und voneinander abgegrenzt sein, damit eingehendes Material nicht versehentlich mit ausgehenden Waren vermischt wird.

- Weil Ausgangsstoffe, Zwischenstufen, Halbfertigware und Fertigprodukte bei den aufgedruckten oder vorgegebenen Lagerbedingungen gelagert werden müssen, sind meist unterschiedlich klimatisierte Lagerbereiche (**Kühllager, Tiefkühlräume, Klimalager**) erforderlich.

10.C.2   Lagerbedingungen und Lagerqualifizierung

Da die **Lagertemperatur** und die **Luftfeuchte** entscheidenden Einfluss auf die Haltbarkeit der eingelagerten Materialien haben, muss ein Lagerraum vor seiner Verwendung qualifiziert werden (**Lagerqualifizierung**). Das bedeutet, dass an verschiedenen Orten im Lager Thermometer, Hygrometer oder **Datalogger** platziert werden, die bei verschiedenen **Witterungsbedingungen** (Sommer/Winter) über mehrere Tage die **Lagerbedingungen** aufzeichnen. Solche Messungen sind nicht nur im leeren Lager durchzuführen, sondern auch bei laufendem Betrieb und gefülltem Lager. Gerade in klimatisierten Lagerräumen kann die **Temperaturverteilung** bei voll beladenen Regalen ganz anders sein als im leeren Zustand. Ständig offene Rolltore führen im Winter unerwartet zu Frostschäden an Arzneimitteln.

Auch nach erfolgreicher Lagerqualifizierung müssen die Lagerungsbedingungen (Temperatur, Luftfeuchte) **regelmäßig überprüft** und protokolliert werden. Weichen die Messungen von den vorgeschriebenen Temperatur- oder Feuchtebereichen ab, so muss die Qualitätssicherung informiert werden, damit Korrekturmaßnahmen (**CAPA**, siehe *Kapitel 4.C.10*) ergriffen werden können.

Arzneimittel sind nur dann bis zum Ende ihrer Laufzeit haltbar, wenn sie im richtigen Packmaterial und bei der aufgedruckten Temperatur gelagert werden

10.C.3   Lagerverwaltung

Am Pharmalager darf nichts dem Zufall überlassen werden. Deswegen müssen alle Lagerbestände genauestens verwaltet werden. Ein **Lagerverwaltungssystem** muss gewährleisten, dass

- niemand unberechtigt auf Waren zugreifen kann (vor allem Material in **Quarantäne** oder zurückgewiesene Waren dürfen nur wenigen, **berechtigten Personen** zugänglich sein, z. B. mit Hilfe unterschiedlicher Benutzerrollen),
- Material nicht **verwechselt** werden kann,
- der **Freigabestatus** (frei, gesperrt, Quarantäne) bei jeder Materialbewegung abgefragt wird und auf diese Weise die irrtümliche Ausgabe von veralteten oder gesperrten Materialien verhindert wird,
- anstelle des sonst üblichen **FIFO**-Prinzips (First **i**n, **f**irst **o**ut) das **Rotationsprinzip** (**FEFO**, **f**irst **e**xpired, **f**irst **o**ut) eingehalten wird (Materialien mit dem kürzesten Haltbarkeitsdatum müssen als erstes verarbeitet oder versendet werden.),
- alle **Lagerbewegungen**, Zugänge und Abgänge kontrolliert und dokumentiert werden,
- der **Verbleib aller Ausgangsstoffe und Produkte** jederzeit **nachvollziehbar** ist und
- der **Lagerbestand** genau bekannt und eine regelmäßige **Inventur** möglich ist.

10.C.4   Wareneingang und Eingangskontrollen

Der **Wareneingang** hat für die Qualitätsbeurteilung große Bedeutung. Daher soll dieser Arbeitsschritt von besonders aufmerksamen und zuverlässigen Mitarbeitern durchgeführt werden.

Zunächst muss überprüft werden, ob die Lieferung mit dem Lieferschein bzw. Frachtbrief übereinstimmt und einer **Bestellung** oder einer angekündigten

Retoure entspricht. **Kühlware** und temperaturgeführte Transporte werden prioritär bearbeitet, damit sie – nach Temperaturkontrolle – schnellstmöglich in die klimatisierten Lagerräume gebracht werden können.

Die gesamte Lieferung muss anhand einer **Checkliste** genau kontrolliert werden, ob **jedes einzelne Gebinde** das richtige Material in der richtigen Menge enthält, die Haltbarkeit noch nicht überschritten ist und die Chargenbezeichnungen einheitlich sind. Außerdem müssen alle Behälter sauber, unbeschädigt und korrekt etikettiert sein. Versiegelungen, Plomben, Siegelmarken oder andere **Originalitätsmerkmale** werden auf Beschädigungen oder Manipulationen überprüft. Transportschäden und Abweichungen werden auf dem Frachtbrief vermerkt und an die Qualitätssicherung weitergemeldet.

Besteht die Lieferung aus unterschiedlichen Lieferantenchargen (das bedeutet, dass das Material in unterschiedlichen Arbeitsgängen gefertigt wurde) so werden sie separat eingebucht und separat bemustert (**Musterzug,** siehe *Kapitel 9.D.1*). Die zugebuchten Chargen müssen einen „Quarantäne-" bzw. „Sperr"-Vermerk tragen, bis sie durch die Qualitätskontrolle oder Qualitätssicherung freigegeben sind.

Jedes einzelne Gebinde muss korrekt etikettiert (**gekennzeichnet**, siehe *Kapitel 8.B.2.2*) sein, damit jederzeit eindeutig festzustellen ist, um was für ein Material es sich handelt. Auch der **Freigabestatus** (frei, gesperrt, Quarantäne) und das **Haltbarkeitsdatum** müssen erkennbar sein (z.B. lesbar oder als Barcode).

Die **Einlagerung** und Verteilung auf die Lagerorte bzw. auf die vom Lagerverwaltungssystem zugewiesenen Lagerplätze schließt den Vorgang des Wareneingangs ab.

10.C.5   Retouren

Arzneimittelretouren können ein Qualitätsrisiko darstellen – auch wenn sie *ohne* jegliche Kundenreklamation zurückgesendet werden. *Wie* nämlich in der Zwischenzeit mit diesen Medikamenten umgegangen wurde, kann man kaum kontrollieren.

Auch kommt es immer wieder vor, dass Fälschungen als angebliche Retouren an Großhändler geschickt und so in die legale Lieferkette eingeschleust werden. Deswegen müssen sämtliche Retouren sehr genau von der Qualitätssicherung untersucht werden und bis zur Entscheidung über weitere Verwendung oder Vernichtung **getrennt von Handelsware gelagert** werden. Wenn der Rücksender tatsächlich zuvor Empfänger der Ware war (liegt eine Kopie der ursprünglichen Versandpapiere bei und stimmen die Chargen-Bezeichnungen überein?), muss zusätzlich betrachtet werden, welche Zeitspanne seit der Auslieferung vergangen ist, ob Transport und Lagerung sachgerecht waren und die äußere Verpackung (**Sekundärverpackung**) ungeöffnet und unbeschädigt ist.

10.C.6 Vernichtung

Sofern Arzneimittel oder Ausgangsstoffe **nicht den Spezifikationen entsprechen**, müssen sie **zurückgewiesen** und **gesperrt** werden. Sie müssen umgehend deutlich gekennzeichnet und **getrennt** von freigegebenen Materialien gelagert werden, um zu verhindern, dass sie irrtümlich verwendet oder versandt werden.

Zurückgewiesene Ausgangsstoffe werden meist dem Lieferanten zurückgegeben oder vernichtet. Es ist nicht erlaubt, fehlerhafte Materialien mit spezifikationskonformem Produkt zu vermischen (verschneiden).

Zurückgewiesene Arzneimittel und **Arzneimittel mit überschrittenem Verwendbarkeitsdatum** müssen unverzüglich vernichtet werden, damit sich am Lager keine Abfallberge ansammeln. Die Entsorgung muss fachgerecht erfolgen, z.B. durch chemische Zersetzung oder Verbrennung im Sondermüllofen. Dabei muss die Art der **Vernichtung dokumentiert** werden und welche Mengen entsorgt werden. Auf keinen Fall dürfen zur Vernichtung vorgesehene Arzneimittel an Recycling-Firmen übergeben werden, da diese Unternehmen die mangelhaften Arzneimittel weiterverkaufen könnten.

Auch in diesem Falle bleibt der **Inhaber der Marktzulassung** (**Pharmazeutischer Unternehmer**, siehe *Kapitel 3.B*) verantwortlich– selbst wenn jemand mit krimineller Absicht das zur Vernichtung bestimmte Material wieder in Verkehr bringt.

10.D Wie kommen Arzneimittel unversehrt in Apotheken und Kliniken?

Bis vor wenigen Jahren endete das Qualitätsdenken an der Laderampe des Arzneimittelherstellers. Die Wegstrecke bis zum Großhändler, zur Apotheke oder Klinik war nicht groß, aber selten unter Kontrolle. Seit Arzneimittel verstärkt im Ausland produziert werden und weite Wege zurücklegen müssen, haben sich die Rahmenbedingungen komplett geändert.

10.D.1 Versand und Transport

Obwohl die **Transportzeiten** im Verhältnis zu den **Haltbarkeitsfristen** von Rohstoffen und Arzneimitteln eher kurz sind, können diese kurzen Zeitspannen schon ausreichen, um Produkte dauerhaft zu schädigen. **Qualitätsverluste** an Arzneimitteln sind jedoch für den Patienten meist gar nicht zu erkennen.

Außerdem kam es in den vergangenen Jahren immer wieder zu ernsten Zwischenfällen, weil Arzneimittel auf langen und international verschlungenen Transportwegen gegen unwirksame oder verunreinigte **Fälschungen** (siehe *Kapitel 10.B.3*) ausgetauscht wurden. Ungeeignete und unbewachte Zwischenlager- oder Umschlagplätze machen es leicht, solche gefährlichen Kopien in die **Lieferkette** einzuschleusen.

Für den **Versand von Arzneimitteln** müssen Hersteller und **Arzneimittelgroßhändler** deswegen Maßnahmen treffen, die die Arzneimittel vor Bruch, Diebstahl und Verderb schützen. Der Gesetzgeber schreibt vor, dass die auf der Arzneimittelverpackung angegebene Lagertemperatur während des gesamten Transportweges eingehalten werden muss. Eine **Qualitätsrisikoanalyse** (siehe *Kapitel 4.C.3*) hilft auch hier, die richtigen Maßnahmen für einen geplanten Transport festzulegen.

Dabei muss überlegt werden:

- Wie lange wird der Transport im ungünstigsten Falle dauern?
- Handelt es sich um besonders empfindliche Arzneimittel (Kühlware)?
- Können die Arzneimittel durch eine spezielle Transportbox geschützt werden?
- Werden die Arzneimittel mit Dataloggern versendet, sodass der Temperaturverlauf während des Transportes nachträglich überprüft werden kann?
- Findet der Transport auf dem Landweg, Seeweg oder per Luftfracht statt?

- Wird zwischendurch abgeladen oder umgeladen?
- Ist der Transport temperaturgeführt (aktiv gekühlt bzw. klimatisiert)?
- Ist das Transportunternehmen spezialisiert auf Arzneimitteltransporte?

10.D.2 Versand von Kühlware

Besondere Planung und Sorgfalt ist beim Versand von **Kühlware** erforderlich:

Werden Arzneimittel mit **Kühltransportern** transportiert, dann müssen die Kühlaggregate der **Fahrzeuge qualifiziert** und mindestens jährlich die **Temperaturaufzeichnungsgeräte kalibriert** werden. Um Temperaturspitzen beim Ver- und Entladen zu vermeiden, muss das Ladegut mit **Isolierhauben** geschützt werden.

Werden Arzneimittel in **Isolierbehältern** mit **Kühlelementen** transportiert (**passive Kühlung**), ist es besonders wichtig, dass diese Versandboxen exakt nach **Packschema** gepackt werden: Es muss genau festgelegt sein, wie viele Kühlelemente verwendet und wo sie positioniert werden. Sie dürfen auf keinen Fall direkten Kontakt mit Arzneimitteln haben, denn auch **Unterkühlung** führt zu Qualitätsverlust.

10.D.3 Transportvalidierung

Eine **Transportvalidierung** dient dazu, nachzuweisen, dass eine bestimmte Verpackung für ein festgelegtes minimales und maximales Füllvolumen und einen **festgelegten Transportweg** bis zu einer **maximalen Transportzeit** bei bestimmten Witterungsbedingungen geeignet ist. Eine Transportvalidierung ist sinnvoll, wenn ähnliche Mengen bestimmter Arzneimittel immer wieder auf demselben Transportweg zu einem Kunden geschickt werden sollen.

11   Schlussbemerkung

Ein persönlicher Rat zum Schluss:
Die GMP-Regeln sollen sicherstellen, dass Patienten nur qualitativ einwandfreie Arzneimittel erhalten.

Dazu ist es erforderlich, nicht nur *formal die Buchstaben des Gesetzes* einzuhalten und *Archive mit endlosen Daten zu füllen*, sondern jede Arbeit mit Fachkenntnis **und gesundem Menschenverstand** auszuführen:

- Halten Sie bei Ihrer Arbeit die aktuellen Arbeitsvorschriften genau ein!
- Denken Sie trotzdem mit und beobachten Sie genau!
- Wenn Sie aus fachlicher Sicht eine andere Lösung für besser halten, besprechen Sie das zeitnah mit Ihrem Vorgesetzten (bzw. im Arbeitsteam, mit der Qualitätssicherung, mit dem Kunden, der zuständigen Behörde oder in einem anderen geeigneten Gremium)!

Das vorliegende Buch verschafft Ihnen einen breitgefächerten Überblick über die GMP-Welt, erläutert die gebräuchlichen Fachbegriffe und gibt Einblicke in Sinn und Hintergründe dieser Regelungen.

Als Wegbegleiter durch das komplexe Thema GMP wurde besonderer Wert auf eine kompakte und übersichtliche Darstellung, sowie verständliche Ausdrucksweise gelegt. Daher wurde auf Original-Zitate aus Gesetzestexten verzichtet. Rechtlich *verbindlich* sind selbstverständlich allein die jeweils aktuellen regulatorischen Vorgaben.

Hier die wichtigsten Links:

- EU-GMP-Leitfaden:
  http://ec.europa.eu/health/documents/eudralex/index_en.htm
- BfArM: http://www.bfarm.de/DE/Arzneimittel/_node.html
- ZLG: https://www.zlg.de/arzneimittel.html
- EMA: http://www.ema.europa.eu/ema/index.jsp?curl=pages/regulation/general/general_content_000043.jsp&mid=WC0b01ac05800240cb
- FDA: http://www.fda.gov/Drugs/default.htm
- WHO: http://www.who.int/medicines/areas/quality_safety/quality_assurance/en/index.html
- EU-Kommission: http://ec.europa.eu/health/documents/new_en.htm

Mehr Links finden Sie unter http://www.gmp-verlag.de/de/gmp-links.html.

Die in diesem Buch erläuterten Grundlagen können hoffentlich Ihren ersten Wissensdurst stillen und die allgemeinen Fragen Ihres GMP-Arbeitsalltags klären. Allerdings werden Ihnen in der GMP-Praxis immer wieder Spezialfälle und Detailfragen begegnen, die in der Kürze dieses Buches keinen Platz haben, z.B.

- zur Herstellung oder Beschaffung von Wirkstoffen und Hilfsstoffen
- zur Herstellung und Prüfung von besonderen Produkten, wie z.B.
  - sterilen oder aseptisch hergestellten Produkten
  - Blutprodukten
  - Impfstoffen
  - Arzneimitteln aus biotechnologisch hergestellten Wirkstoffen
  - Radiopharmaka
  - Tierarzneimitteln
  - pflanzlichen Arzneimitteln
  - Homöopathika
  - Antibiotika
  - hochaktiven Wirkstoffen
  - Narkotika (Betäubungsmittel, BtM)
- zur Entwicklung von Arzneimitteln und Herstellung von klinischen Prüfmustern
- zu den technischen Voraussetzungen für die Arzneimittelherstellung, z.B. Konzeption, Qualifizierung und Wartung von Gebäuden, Lüftungs- und Wasseranlagen, sowie Maschinen, Geräten und Computersystemen
- zur Herstellung, Verpackung und Marktfreigabe von Arzneimitteln über mehrere Stufen in unterschiedlichen Ländern
- zur Herstellung von Arzneimitteln für Märkte außerhalb der EU und der Schweiz (insbesondere USA und Japan haben teilweise abweichende Anforderungen)
- zu Verträgen zwischen Auftraggebern und Auftragnehmern

Wenn Sie sich also eingehender mit GMP-Fragestellungen beschäftigen wollen oder müssen, sollten Sie weiterführende Literatur zu Rate ziehen, z.B. den GMP-BERATER (www.gmp-berater.de).

Stichwortverzeichnis

Q

QP 27, 51, 60
Qualified Person 27, 51, 60
Qualifizierung 74, 88
Qualifizierung, Personal 55
Qualifizierungsmasterplan 89
Qualitätskontrolle 40, 105
Qualitätsmanagement 39, 41
Qualitätsmanagementhandbuch
    42, 44
Qualitätsmanagementsystem 41
Qualitätsmangel 51
Qualitätspolicy 43
Qualitätsrisikomanagement 46
Qualitätssicherung 40
Quality Manual 42
Quarantäne 121
Quellenabluft 76

R

Raum 73
    Anforderung 74
    Desinfektion 83
    Haustechnik 75
    Klima 76
    Lüftung 76
    Reinigung 83
Referenzprobe 112
Registrierung 25
Reinigung 83, 86
    Anlagen 86
    Behälter 86
    Geräte 86
    Raum 83
    Validierung 86
Reinigungsvalidierung 86
Reinraum 80
Reinraumklasse 79
Responsible Person 60
Restricted Acces Barrier System 81
Retoure 123

Review 48
Risk Assessment 47
Rohdaten 70
Rückstellmuster 112
Rückverfolgbarkeit 118, 119

S

Sachkundige Person 27, 51, 60
Salbe 20
Schädlingsbekämpfung 84
Schleuse 81
Schulung 56
Selbstinspektion 35
Serialisierung 120
Site Master File 43
SOP 43, 58, 67
Sourcing 118, 119
Spezifikation 68
Stabilitätsprüfung 112
Standard Operating Procedure
    43, 58, 67
Standardarbeitsanweisung
    43, 58, 67
Staubabsaugung 76
Sterilproduktion 80, 98
Stufenplanbeauftragter 27, 51
Sublingualspray 20
Suppositorium 21
Suspension 20
Swissmedic 25, 33

T

Tablette 20
Technologietransfer 46
Tinktur 20
toxikologische Prüfung 21
Transdermales Therapeutisches
    System 20
Transport 125
Transportvalidierung 126
Trending 38, 48

U

Überwachung 23, 27
Untermischung 94
Unterschrift 71

V

Validierungsbericht 103
Validierungsmasterplan 89, 102
Validierungsplan 102
VDI 29
Verantwortliche Person 60
Verantwortungsabgrenzungs-
    vertrag 35, 108
Verantwortungsträger 59
Verarbeitung 21, 91
Verein Deutscher Ingenieure 29
Verfahrensanweisung 43
Vernichtung 124
Verpackung 22, 100
Versand 22, 125
Versandbereich 121
Verunreinigung 73
Verwechslung 94

W

Warenannahme 121
Wareneingang 122
Wartung 90
Wasserarten 77
WHO GMP Guide 32
Wirkstoff
    Definition 15
    Herstellung 9
    hochaktiv 81

Z

Zäpfchen 21
ZLG 33
Zonenkonzept 79
Zulassung 21, 25, 27
Zulassungsdossier 115

Zulassungsinhaber 25
Zytostatika 81

Abkürzungsverzeichnis

AMBO	Arzneimittelbetriebsordnung (A)
AMBV	Arzneimittelbewilligungsverordnung (CH)
AMG	Arzneimittelgesetz (D und A)
AMWHV	Arzneimittel- und Wirkstoff-Herstellungsverordnung
API	Active Pharmaceutical Ingredients
APIC	Active Pharmaceutical Ingredients Committee
BfArM	Bundesinstitut für Arzneimittel und Medizinprodukte
BP	British Pharmacopoeia
CEFIC	European Chemical Industry Council
BRR	Batch Record Review
CAPA	Corrective Actions and Preventive Actions
CFR	Code of Federal Regulations
CIP	Cleaning in Place
CoA	Certificate of Analysis
CU	Content Uniformity
DAB	Deutsches Arzneibuch
DQ	Design Qualification
EMA	European Medicines Agency
EWR	Europäischer Wirtschaftsraum
FDA	Food and Drug Administration
FIFO	First in – first out
FIR	Failure Investigation Report
FvP	Fachtechnisch verantwortliche Person (CH)
GAMP	Good Automated Manufacturing Procedures
GCP	Good Clinical Practice
GDP	Good Distribution Practice wird auch verwendet für: Good Documentation Practice
GEP	Good Engineering Practice
GLP	Good Laboratory Practice

GMP	Good Manufacturing Practice
HMG	Heilmittelgesetz (CH)
HAB	Homöopathisches Arzneibuch
HEPA Filter	High Efficiency Particulate Air Filter
HWG	Heilmittelwerbegesetz
ICH	International Conference on Harmonisation for Technical Requirements for Registration of Pharmaceuticals for Human Use
IPEC	International Pharmaceutical Excipients Council
ISO	Internationale Organisation für Normung
ISPE	International Society for Pharmaceutical Engineering
IQ	Installation Qualification
JP	Japanese Pharmacopoeia
KVP	Kontinuierlicher Verbesserungsprozess
LF	Laminar flow
LFGB	Lebensmittel-, Bedarfsgegenstände- und Futtergesetzbuch
LIMS	Labor-Informations- und Management-Systeme
LOD	Limit of Detection
LOQ	Limit of Quantitation
MPG	Medizinproduktegesetz
NEM	Nahrungsergänzungsmittel
ÖAB	Österreichisches Arzneibuch
OOS	Out of Specification
OQ	Operational Qualification
PDA	Parenteral Drug Association
Pharm Helv	Pharmacopoeia Helvetica
PhInt	International Pharmacopoeia
PhEur	Pharmacopoeia Europeia, Europäische Arzneibuch
PIC/S	Pharmaceutical Inspection Cooperation Scheme
PQS	Pharmazeutisches Qualitätssystem
PQ	Performance Qualification
PQR	Product Quality Review
QA	Quality Assurance
QC	Quality Control

QK	Qualitätskontrolle
QM	Qualitätsmanagement
QMS	Qualitätsmanagementsystem
QP	Qualified Person, Sachkundige Person
QS	Qualitätssicherung
QU	Quality Unit
RABS	Restricted Acces Barrier System
SIP	Sterilization in Place
SMF	Site Master File
SOP	Standard Operating Procedure
USP	United States Pharmacopoeia
VAV	Verantwortungsabgrenzungsvertrag
VDI	Verein Deutscher Ingenieure
VMP	Validierungsmasterplan
WIP	Washing in Place
WFI	Wasser für Injektionszwecke
WHO	Weltgesundheitsorganisation
ZLG	Zentralstelle der Länder für Gesundheitsschutz bei Arzneimitteln und Medizinprodukten

GMP-Risikoanalysen

Standardvorlagen für Räume und Ausrüstung im pharmazeutischen Umfeld

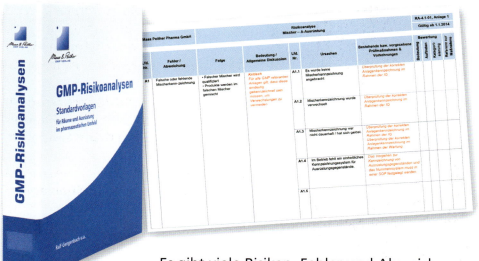

Es gibt viele Risiken, Fehler und Abweichungen, die in der Pharmaindustrie bekannt sind – und damit zahlreiche Unternehmen, die tagtäglich über die gleichen „Basisrisiken" diskutieren. Mit unseren GMP-Risikoanalysen erhalten Sie Standardvorlagen, mit deren Hilfe Sie schnell potentielle Risiken finden, ihre Ursachen diskutieren und bestehende Systeme bewerten können.

Ihre Vorteile:

- Enthält die Best Practices von Beratung, Pharmaunternehmen und Überwachungsbehörden
- Adaptierte FMEA-Methode: Einfach und klar strukturiert
- Sie entscheiden schneller und verkürzen stundenlange Meetings
- Inkl. SOP, Excel- und Word-Dateien zur individuellen Bearbeitung
- Regelmäßige Ergänzungslieferungen im kostengünstigen Abonnement

Nutzen Sie unser von Experten entwickeltes Grundwerkzeug, das viel Raum für individuelle Anpassungen lässt!

www.gmp-risiko.de

GMP MANUAL Online

Worldwide GMP Knowledge Base

The GMP MANUAL is the most comprehensive GMP online database worldwide. Combining theory and practice in a successful way it is used by more than 10000 professionals in over 70 countries. The GMP MANUAL is presented in two parts:

GMP in Practice

GMP interpretations written by noted industry specialists and according to international GMP regulations. The content is reviewed by an international Advisory Board and industry experts for accuracy and validity.

GMP Regulations

The most important GMP regulations from Europe, USA, Japan, PIC/S, ICH, WHO and many more. Each regulation has a separate index.

The GMP MANUAL offers significant benefits, for example:

- Compilation of current global information/regulations
- Numerous approaches and examples of problem-solving are included
- More than 700 checklists, templates and SOP examples are included
- Regular updates in both parts

The GMP MANUAL is available as:

- Online (Single user + Corporate Licences)
- CD-ROM
- CD-ROM + Online (Single user)

Product line, reading samples and more in our webshop:

www.gmp-publishing.com